POSITIVES MINDSET

Wie du mit positivem Denken deine Lebensqualität steigerst und Erfüllung findest

Tim Oppenheimer

Inhaltsverzeichnis

Einleitung:

1. Entdecke die transformative Kraft des positiven Denkens für ein erfülltes Leben

Herzlich willkommen zu unserem inspirierenden Buch über das positive Mindset und dessen bemerkenswerte Fähigkeit, deine Lebensqualität zu steigern. Hier erwartet dich eine einzigartige Reise, bei der du lernen wirst, wie du durch bewusstes positives Denken das volle Potenzial deines Lebens entfalten und ein erfülltes, glückliches Dasein erschaffen kannst.

In einer Welt, die gelegentlich von Herausforderungen und negativen Einflüssen geprägt ist, eröffnet das positive Denken eine Tür zu unzähligen Möglichkeiten und einem erfüllenden Lebensweg. Es ist ein kraftvolles Werkzeug, mit dem du deine Gedanken bewusst auf das Positive lenken und deine Perspektive selbst in schwierigen Zeiten verändern kannst. Mit einer optimistischen Denkweise wirst du nicht nur Hindernisse überwinden, sondern auch ein Leben voller Erfüllung, Freude und Zufriedenheit führen.

Unser Buch wird dir inspirierende Einsichten, bewährte Techniken und praktische Übungen an die Hand geben, um negative Denkmuster zu erkennen, zu überwinden und eine innere Stärke zu entwickeln. Du wirst erlernen, wie du deine

Denkgewohnheiten hinterfragst, negative Gedankenmuster identifizierst und durch positive Denkweisen ersetzt.

Die Vorteile des positiven Denkens erstrecken sich über alle Bereiche deines Lebens. Auf mentaler Ebene wirst du eine gesteigerte Resilienz und eine positive geistige Ausrichtung entwickeln. Dadurch wirst du besser in der Lage sein, mit Stress umzugehen, dich auf das Wesentliche zu konzentrieren und Lösungen zu finden, anstatt dich in Problemen zu verlieren. Auf emotionaler Ebene kannst du mehr Dankbarkeit und Gelassenheit in dein Leben einkehren lassen, während du negative Emotionen überwindest und einen Zustand innerer Harmonie schaffst. Auch auf zwischenmenschlicher Ebene wirst du profitieren können. Ein positives Mindset ermöglicht dir, eine unterstützende Atmosphäre um dich herum zu schaffen – geprägt von Inspiration, Motivation und Zuspruch.

Begib dich auf diese Reise der Selbstreflexion und erlaube dir, alte Denkmuster zu überwinden. Verändere nachhaltig dein Leben zum Besseren und entfessle die transformative Kraft, die in jedem von uns steckt – auch in dir.

Unser Geist ist eine Gedankenfabrik. Wir produzieren unzählige Gedanken in unserer geschäftigen Fabrik jeden Tag. Es gibt zwei Hauptdenkweisen: das positive Denken und das negative Denken. Im Laufe der Jahre wurde umfangreich über die positiven Auswirkungen des positiven Denkens und die negativen Auswirkungen des negativen Denkens geforscht. Die Ergebnisse der Forschung sind eindeutig. Eine positive Denkweise ist nicht nur eine schöne Art zu leben, sondern die richtige Art zu leben. Indem wir positiv denken, können wir die täglichen Herausforderungen des Lebens leichter bewältigen. Es bringt Optimismus in unser Leben und hilft uns, Sorgen und negatives Denken zu vermeiden. Wenn wir negativ denken, fühlen wir uns zunächst einmal schlecht in der Gegenwart. Deshalb ist es besser, positiv zu denken anstatt negativ.

1.1 Warum ist positives Denken wichtig?

Dein Verhalten wird maßgeblich von deiner Einstellung beeinflusst. Wenn deine Einstellungen negativ sind, können sich Süchte und psychosomatische Störungen entwickeln, die wiederum zu einem Mangel an Fokus und Konzentration in allen Bereichen deines Lebens führen können. Es ist jedoch möglich, eine positive Einstellung zu entwickeln, indem du deine Gedanken von Moment zu Moment bewusst wahrnimmst und disziplinierst.

Positives und negatives Denken

Es gibt zwei Denkweisen: positiv denken und negativ denken. Wenn du eher pessimistisch eingestellt bist, neigst du dazu, immer etwas zu finden, worüber du dir Sorgen machen kannst. Es scheint, dass nichts jemals richtig ist und dass schlechte Ereignisse sich endlos erstrecken Das Leben wird dann von Angst, Traurigkeit oder Wut beherrscht.

Die Macht des positiven Denkens

Doch, du hast die Macht, deine Denkweise zu ändern. Du kannst lernen, bewusst positive Gedanken zu kultivieren und dich von negativen Denkmustern zu befreien. Indem du deine Gedanken überwachst und gezielt auf positive Aspekte fokussierst, kannst du eine optimistischere Perspektive entwickeln und ein erfülltes Leben führen.

Positives Denken zeigt, dass wir gegenseitigen Respekt haben. Eine positive Einstellung kann dir helfen, Herausforderungen leichter zu bewältigen. Sie bringt Optimismus in dein Leben und schützt dich vor Sorgen und negativem Denken.

Wenn du stattdessen in einer Negativität lebst, beschränkst du dein Potenzial in vielerlei Hinsicht. Das Gefährliche daran ist, dass wir manchmal so sehr von Negativität umgeben sind, dass wir nicht einmal mehr einen Ausweg erkennen Doch der Schlüssel liegt in deinem Bewusstsein für deine eigenen Gedanken. Dann kannst du entscheiden, auf welche Art von Gedanken du dich konzentrieren möchtest.

Konzentriere dich auf positive Gedanken - Die Schlüsselrolle für dein Wohlbefinden und Glück

Positives Denken spielt eine entscheidende Rolle für dein Wohlbefinden, deine Erfüllung und dein Glück. Es beeinflusst nicht nur deine innere Einstellung, sondern auch dein Verhalten, deine Beziehungen und deine allgemeine Lebenszufriedenheit.

Wenn du dich auf positive Gedanken konzentrierst, wirst du feststellen, dass sich deine Wahrnehmung der Welt verändert. Eine optimistischere Haltung entwickelt sich, und du beginnst, Lösungen statt Probleme zu sehen. Du wirst energiegeladener, motivierter und in der Lage sein, deine Ziele zu erreichen. Hindernisse können leichter überwunden werden und Chancen können sich auftun, die sonst verborgen geblieben wären.

Stärkung geistiger und emotionaler Gesundheit

Indem du bewusst auf deine Gedanken achtest und dich für positive Denkmuster entscheidest, stärkst du deine geistige und emotionale Gesundheit. Du wirst weniger von Stress und negativen Emotionen belastet sein und stattdessen ein Gefühl von Ruhe, Zufriedenheit und innerem Gleichgewicht erfahren. Positives Denken hilft dir, dich auf das Gute im Leben zu fokussieren und negative Einflüsse abzuwehren.

Positives Denken als aktiver Prozess

Positives Denken ist kein Wunschdenken, es ist ein aktiver Prozess, indem du deine Denkgewohnheiten bewusst veränderst und dich auf das Gute im Leben konzentrierst. Es erfordert, Übung, Geduld und Ausdauer.

Doch die Auswirkungen, die es mit sich bringt, sind es wert

1.2. Das Gesetz der Anziehung

Das Gesetz der Anziehung ist ein universelles Prinzip, das besagt, dass wir das in unser Leben ziehen, worauf wir unsere Aufmerksamkeit, unsere Gedanken und unsere Energie richten. Es basiert auf der Vorstellung, dass unsere Gedanken und Gefühle energetische Schwingungen aussenden, die mit ähnlichen Schwingungen in Resonanz gehen und somit die entsprechenden Erfahrungen und Ereignisse in unser Leben bringen.

1.2.1 Die Kraft der Ausrichtung: Positive Gedanken, Überzeugungen und Handlungen

Um es effektiv anzuwenden, ist es wichtig, sich bewusst zu werden, dass unsere Gedanken, Gefühle, Überzeugungen, Worte und Taten eine energetische Kraft besitzen und unsere Realität formen. Indem wir uns auf das konzentrieren, was wir wollen und eine positive Einstellung bewahren, senden wir positive Schwingungen aus und ziehen positive Erfahrungen und Menschen in unser Leben.

Es geht jedoch nicht nur um das Denken positiver Gedanken. Das Gesetz der Anziehung berücksichtigt auch unsere tief verwurzelten Überzeugungen und Gefühle. Wenn unsere Überzeugungen und Gefühle im Widerspruch zu unseren positiven Gedanken stehen, blockieren sie den Fluss der

Manifestation. Daher ist es wichtig, auch an unseren Überzeugungen und Gefühlen zu arbeiten und sie mit unseren positiven Gedanken in Einklang zu bringen.

Das Gesetz der Anziehung reagiert auch auf unsere Worte und Taten. Wenn wir negative Aussagen machen oder uns selbst sabotieren, senden wir widersprüchliche Botschaften aus und ziehen möglicherweise das Gegenteil von dem an, was wir wollen. Daher ist es entscheidend, unsere Worte und Handlungen bewusst zu wählen und in Einklang mit unseren positiven Gedanken und Absichten zu bringen.

Es ist wichtig zu beachten, dass es nicht bedeutet, dass wir nur positive Gedanken haben und dann alles, was wir uns wünschen, automatisch in unser Leben kommt. Es erfordert auch Handlungen, Entscheidungen und Ausdauer, um unsere Ziele zu verfolgen. Es unterstützt uns dabei, indem es uns die richtigen Gelegenheiten und Menschen in unser Leben bringt, aber es liegt an uns, diese Chancen zu erkennen und zu nutzen.

Wenn wir uns bewusst darauf konzentrieren, positive Gedanken, Überzeugungen und Gefühle zu kultivieren, unsere Worte und Taten in Einklang mit unseren Wünschen bringen und die sich bietenden Möglichkeiten ergreifen, können wir das Gesetz der Anziehung nutzen, um unser Leben in die gewünschte Richtung zu lenken und eine erfüllende und glückliche Realität zu erschaffen.

1.2.2 Die 7 Gesetze der Anziehung:

Es gibt sieben Untergesetze innerhalb des Gesetzes der Anziehung, die dir helfen können, ein positives Mindset zu entwickeln und deine Positivität zu stärken. Indem du diese Gesetze befolgst, kannst du die Kraft nutzen, positive Veränderungen in deinem Leben anzuziehen.

Das Gesetz der Anziehung:

Was du aussendest, ziehst du an. Positive Gedanken und Gefühle ziehen positive Erfahrungen und Menschen an, während negative Gedanken das Gegenteil bewirken können.

Manifestation:

Richte deine Aufmerksamkeit auf die Gegenwart und konzentriere dich darauf, positive Veränderungen zu schaffen. Lebe im Hier und Jetzt, anstatt in der Vergangenheit oder Zukunft zu verharren.

Richtiges Handeln:

Befreie dich von negativen Einflüssen in deinem Leben, sei es von einer ungesunden Beziehung oder einer unerfüllenden Karriere. Schaffe Platz für Dinge, die dich voranbringen und deinem Lebenszweck dienen.

Gleichgewicht:

Akzeptiere, dass nicht jeder Tag perfekt sein wird. Fehler und Rückschläge gehören zum Leben und bieten die Möglichkeit zum Lernen und Wachsen.

Wünsche:

Fokussiere dich auf klare Ziele und Wünsche, die dein Leben bereichern. Halte an deinen Werten fest und lass dich nicht von äußeren Einflüssen ablenken.

Harmonie:

Umgebe dich mit Menschen, die ähnliche Ziele und eine positive Einstellung haben. Gemeinschaft und Unterstützung sind wichtige Faktoren für dein persönliches Wachstum und Erfolg.

Universeller Einfluss:
Behandle andere mit Respekt und Freundlichkeit, denn deine Handlungen und Einstellungen beeinflussen dein eigenes Leben. Indem du Gutes in die Welt bringst, schaffst du eine positive Umgebung für dich und andere.

Denke daran, dass du aktiv am Gesetz der Anziehung teilnimmst, indem du deine Gedanken, Gefühle und Handlungen bewusst steuerst. Du hast die Kraft, dein Leben in eine positive Richtung zu lenken und das Beste anzuziehen.

2. Die Auswirkungen von Negativität

Negatives Denken kann sich stark auf unser geistiges Wohlbefinden auswirken und uns in einen Zustand von Depression und Angst versetzen. Es ist bekannt, dass positives Denken unser mentales Wohlbefinden verbessert, Stress reduziert und sogar positive Auswirkungen auf unsere körperliche Gesundheit hat. Dennoch bleiben viele Menschen in einem Muster negativer Gedanken gefangen.

Die Auswirkungen von Negativität auf unser Leben können weitreichend sein. Wenn wir uns ständig in einem Zustand negativen Denkens befinden, hat dies nicht nur Auswirkungen auf unsere psychische Gesundheit, sondern auch auf verschiedene andere Aspekte unseres Lebens.

- Negatives Denken kann erhebliche Auswirkungen auf verschiedene Bereiche unseres Lebens haben und unsere Gesundheit sowie unsere Beziehungen beeinträchtigen. Insbesondere die psychische Gesundheit ist stark betroffen. Chronisches negatives Denken kann zu einer Verschlechterung des geistigen

Wohlbefindens führen und das Risiko von psychischen Erkrankungen wie Depressionen und Angststörungen erhöhen. Es ist wie eine Abwärtsspirale, in der wir uns immer tiefer in negative Emotionen und Gedankenmuster verstricken.

- Darüber hinaus beeinflusst negatives Denken auch unsere körperliche Gesundheit. Studien zeigen, dass anhaltender Stress, der durch negatives Denken verursacht wird, das Immunsystem schwächen, Entzündungen fördern und das Risiko von Herz-Kreislauf-Erkrankungen erhöhen kann. Ein positiveres Mindset hingegen kann zu einer besseren körperlichen Gesundheit und einem gestärkten Immunsystem führen.
- Neben den gesundheitlichen Auswirkungen hat negatives Denken auch Konsequenzen für unsere Beziehungen. Wenn wir uns ständig auf negative Aspekte und Probleme konzentrieren, können wir uns von anderen isolieren, unsere Stimmung auf sie übertragen und uns weniger offen für positive zwischenmenschliche Interaktionen zeigen. Dies führt oft zu Spannungen, Konflikten und einer allgemeinen Verschlechterung der Beziehungen.
- Nicht zuletzt beeinträchtigt negatives Denken auch unsere Lebensqualität. Es hindert uns daran, neue Möglichkeiten zu erkunden, unsere Ziele zu verfolgen und das Leben in vollen Zügen zu genießen. Indem wir uns auf negative Gedanken fokussieren, verpassen wir oft die positiven Aspekte des Lebens und können uns in einem Zustand der Unzufriedenheit und Frustration festhalten.
- Es ist jedoch wichtig zu erkennen, dass negatives Denken ein erlerntes Verhaltensmuster ist und nicht in

Stein gemeißelt. Wir haben die Möglichkeit, diese negativen Denkmuster zu erkennen und aktiv daran zu arbeiten, sie umzukehren. Dies erfordert Zeit, Übung und möglicherweise auch Unterstützung von anderen Menschen oder Fachleuten. Indem wir uns bewusst mit unseren negativen Gedanken auseinandersetzen und aktiv an einem positiven Mindset arbeiten, können wir die Auswirkungen von Negativität reduzieren und ein erfüllteres Leben führen.

Negatives Denken kann verschiedene Formen annehmen und unsere Denkmuster sowie unsere Interaktionen mit der Umwelt beeinflussen. Es ist wichtig zu erkennen, dass negative Gedanken Teil des menschlichen Lebens sind und dass jeder von Zeit zu Zeit mit negativen Gefühlen und Sorgen konfrontiert wird. Es wird jedoch problematisch, wenn diese Gedanken wiederkehrend sind und unser Leben beherrschen.

2.1 Die Ursachen des negativen Denkens

Die Ursachen für negatives Denken können vielfältig sein.

- Es kann durch die Angst vor der Zukunft ausgelöst werden, wenn wir uns Sorgen um das Unbekannte machen und in schlimmsten Fall-Szenarien verfallen.
- Die Angst vor der Gegenwart kann ebenfalls negativen Gedanken Nahrung geben, da wir uns Sorgen darüber machen, wie andere uns sehen, wie gut wir in der Arbeit abschneiden oder wie der tägliche Verkehr sein wird.
- Scham über die Vergangenheit kann ebenfalls zu negativem Denken führen, wenn wir uns ständig mit vergangenen Fehlern und Misserfolgen beschäftigen.

Es ist wichtig, Wege zu finden, um negative Gedanken zu stoppen und loszulassen. Dies kann durch die Akzeptanz begrenzter Kontrolle über die Zukunft, die Fokussierung auf die Gegenwart und die Einführung organisatorischer Routinen geschehen. Es ist auch hilfreich, konstruktive Wege zu finden, um mit vergangenen Fehlern umzugehen, indem wir aus ihnen lernen und Maßnahmen ergreifen, um ähnliche Situationen in Zukunft zu vermeiden.

Wenn wir uns bewusst mit unseren negativen Denkmustern auseinandersetzen und Strategien entwickeln, um sie zu überwinden, können wir ein positiveres Mindset aufbauen und unser geistiges Wohlbefinden verbessern. Es ist ein fortlaufender Prozess, der Zeit und Anstrengung erfordert, aber die Belohnungen in Form von emotionaler Ausgeglichenheit und einer positiven Lebensperspektive sind es wert.

2.2 Warum wir uns selbst im Weg stehen

Oftmals sind wir uns nicht bewusst, dass wir uns selbst im Weg stehen und uns von einem positiven Mindset abhalten. Hier sind einige Gründe, warum dies geschieht:

Selbstzweifel

Selbstzweifel können uns davon abhalten, positiv über uns selbst und unsere Fähigkeiten zu denken. Wir neigen dazu, uns auf unsere Schwächen und Fehler zu konzentrieren, anstatt auf unsere Stärken und Erfolge. Dieser Mangel an Selbstvertrauen kann uns daran hindern, neue Herausforderungen anzunehmen und unser volles Potenzial auszuschöpfen.

Stell dir, du bist ein talentierter Künstler, der gerne seine Werke präsentiert. Du erhältst die Möglichkeit, an einer

Kunstausstellung mit einem hohen Anteil an Besuchern, teilzunehmen. Doch trotz deines Talents und deiner kreativen Fähigkeiten zweifelst du an dir selbst und denkst: "Vielleicht finden die Leute meine Kunst nicht gut genug" oder "Es gibt sicherlich talentiertere Künstler als mich". Schlimmstenfalls nimmst du dann an der Ausstellung nicht teil und kannst so dein Potenzial als Künstler nicht voll ausschöpfen.

Angst vor dem Versagen

Die Angst vor dem Versagen kann uns lähmen und uns daran hindern, Chancen zu ergreifen oder unsere Ziele zu verfolgen. Negative Gedanken wie "Was ist, wenn ich scheitere?" oder "Ich bin nicht gut genug" halten uns in unserer Komfortzone gefangen und verhindern, dass wir uns weiterentwickeln.

Du bist ein leidenschaftlicher Sportler und möchtest an einem wichtigen Wettkampf teilnehmen. Du hast hart trainiert und bist körperlich gut vorbereitet, trotzdem denkst du, dass du nicht gut abschneiden wirst und denkst: „Wenn ich jetzt doch nicht so gut bin, wie im Training“ oder "Was, wenn ich die Erwartungen meines Teams nicht erfülle?". Diese Ängste hindern dich daran, dich selbst herauszufordern und dein Bestes zu geben.

Perfektionismus

Der Wunsch, alles perfekt zu machen, kann uns ebenfalls im Weg stehen. Wenn wir unrealistische Erwartungen an uns selbst stellen und nach Perfektion streben, setzen wir uns unter enormen Druck und kritisieren uns ständig. Dies führt zu einem negativen Denkmuster, das unsere Motivation und Kreativität einschränkt.

Stellen dir vor, du bist kreativ tätig und möchtest ein Kunstwerk erstellen. Doch der Perfektionismus hindert dich daran, überhaupt damit anzufangen. Du denkst daran, dass das

Ergebnis mit Sicherheit nicht perfekt sein wird. Du setzt dich selbst so unter Druck ein Meisterwerk zu schaffen, dass du eventuell gar nicht erst damit anfängst und wirst auch keinen Spaß an dem kreativen Prozess haben.

Negative Glaubenssätze

Negative Glaubenssätze sind tief verwurzelte Überzeugungen, die wir über uns selbst und die Welt um uns herum haben. Sie können aus vergangenen Erfahrungen, Erziehung oder gesellschaftlichen Einflüssen stammen. Diese negativen Glaubenssätze halten uns davon ab, an uns selbst zu glauben und positive Veränderungen anzustreben.

Angenommen, du hast die Möglichkeit in deinem Beruf eine Führungsposition einzunehmen. Jedoch denkst du dir, dass du nicht gut genug bist, ein Team zu führen. Du glaubst, dass du nicht die erforderlichen Fähigkeiten oder das Charisma dazu hast. Durch diese negativen Glaubenssätze über dich selbst, entscheidest du dich dagegen und bleibst in einer Position, die dich eigentlich nicht vollständig erfüllt. Es hindert dich daran dein Potenzial auszuschöpfen und deine Karriere voranzutreiben.

Negative Glaubenssätze können in verschiedenen Lebensbereichen auftreten und uns daran hindern, neue Chancen zu ergreifen, unsere Fähigkeiten zu entfalten und positive Veränderungen in unserem Leben herbeizuführen. Es ist wichtig, sich bewusst zu werden, welche negativen Glaubenssätze uns beeinflussen, und aktiv daran zu arbeiten, sie zu hinterfragen und durch positive und unterstützende Überzeugungen zu ersetzen. Indem wir unsere Glaubenssätze verändern, können wir unser Selbstvertrauen stärken und uns ermutigen, mutige Schritte in Richtung unserer Ziele zu unternehmen.

2.3 Wie man negative Gedanken umkehren kann.

Negative Gedanken sind vielleicht nicht immer präsent. Manchmal kommen und gehen sie, manchmal beeinflussen sie jeden Tag negativ. Es kann sogar vorkommen, dass du anfängst zu erkennen, dass sie dein gesamtes Leben beeinträchtigen können, wenn sie außer Kontrolle geraten.

Wenn sie sich festsetzen, hindern sie dich daran, Beförderungen, Freundschaften, Beziehungen, Abenteuer und Chancen anzustreben. Sie behindern dein persönliches Wachstum, provozieren schlechte Entscheidungen und bringen dich dazu, die schlechteste Version von dir selbst zu werden.

Wahrnehmungen können verzerrt werden und sogar körperlichen und seelischen Schaden anrichten, indem sie Stimmungsstörungen und Ängste verstärken.

Und meist ist es dann so, dass je schlechter man sich fühlt, desto unwahrscheinlicher ist es, eine positive Maßnahme zu ergreifen und eher in einem Loch zu versinken.

Wie kann man diese negativen Gedanken überwinden und aus einem Tief wieder herauskommen?

2.3.1 Negatives Denken erkennen

Beeinflusst negatives Denken jeden Bereich deines Lebens? Vielleicht fragst du dich, ob deine inneren Dialoge positiv oder negativ sind.

Sie können auf vielfältige Weise jeden Bereich unseres Lebens beeinflussen. Es ist wichtig, sich bewusst zu werden, ob unsere inneren Dialoge eher positiv oder negativ geprägt sind. Um dies zu erkennen, können wir uns einige häufige Formen von negativen Selbstgesprächen anschauen.

Eine dieser Formen ist das sogenannte **"Filtern",** bei dem wir dazu neigen, die negativen Aspekte einer Situation zu vergrößern und die positiven zu übersehen. Nehmen wir an, du hattest einen großartigen Arbeitstag, bei dem du deine Aufgaben frühzeitig erledigt und dafür Lob erhalten hast. Doch am Abend konzentrierst du dich nur darauf, dass noch weitere Aufgaben auf dich warten, und vergisst dabei die Komplimente, die du erhalten hast.

Eine weitere Form des negativen Denkens ist die **"Personalisierung",** bei der wir automatisch die Schuld bei uns selbst suchen, wenn etwas Negatives passiert. Angenommen, ein Treffen mit Freunden wird abgesagt, und du interpretierst es als Zeichen dafür, dass niemand mit dir Zeit verbringen möchte.

Beim **"Katastrophisieren"** nehmen wir automatisch das Schlimmste an, selbst wenn keine klaren Anzeichen dafür vorliegen. Stell dir vor, du hast eine Präsentation vorbereitet und bemerkst einen kleinen Tippfehler in den Folien. Anstatt dies als einen unbedeutenden Fehler zu betrachten, gehst du sofort davon aus, dass deine gesamte Präsentation ein Fiasko sein wird und du die Anerkennung deiner Kollegen verlieren wirst.

Eine weitere negative Denkweise nennt sich **"Schuldzuweisungen".** Anstatt Verantwortung für unsere eigenen Gedanken und Gefühle zu übernehmen, versuchen wir jemand anderen für das zu verantworten, was uns passiert ist.

Manchmal fühlen wir uns auch von all den Dingen überwältigt, die wir unserer Meinung nach tun **"sollten"**, und geben uns selbst die Schuld, wenn wir sie nicht erledigt haben.

Es gibt auch das **"Überdramatisieren",** bei dem wir aus kleinen Problemen eine große Sache machen und den Blick für die Verhältnismäßigkeit verlieren.

Der **Perfektionismus** ist eine weitere Form des negativen Denkens, bei der wir versuchen, unmöglichen Standards gerecht zu werden und perfekt zu sein, was letztendlich zum Scheitern führt.

Schließlich neigen einige von uns zum **"Schwarz-Weiß-Denken",** bei dem wir Dinge entweder als gut oder schlecht betrachten, ohne einen Mittelweg zu sehen.

Indem wir uns dieser verschiedenen Formen des negativen Denkens bewusst werden, können wir beginnen, daran zu arbeiten, sie zu erkennen und zu überwinden. Dies ermöglicht uns, eine positivere Denkweise zu entwickeln und die negativen Auswirkungen auf unser Leben zu reduzieren.

2.3.2 Richte deine Aufmerksamkeit auf positiven Gedanken und Denkweisen.

Du hast die Möglichkeit, negative Denkmuster in positive Gedanken umzuwandeln. Obwohl dieser Prozess einfach ist, benötigt er Zeit und Übung, um eine neue Gewohnheit zu etablieren. Im Folgenden findest du einige Ansätze, um positiver und optimistischer zu denken und zu handeln:

Zunächst einmal kannst du **Bereiche identifizieren**, die verändert werden müssen. Das bedeutet, dass du die Bereiche in deinem Leben erkennst, in denen du normalerweise negativ denkst. Das können die Arbeit, dein täglicher Arbeitsweg, Veränderungen im Leben oder Beziehungen sein. Du kannst klein anfangen, indem du dich auf einen Bereich konzentrierst, den du positiver angehen möchtest. Versuche, einen positiven Gedanken zu finden, um mit Stress umzugehen, anstatt dich in negativen Gedanken zu verlieren.

Selbstreflexion ist ein weiterer wichtiger Schritt. Nimm regelmäßig im Laufe des Tages inne und bewerte deine Gedanken. Wenn du feststellst, dass deine Gedanken überwiegend negativ sind, versuche ihnen eine positive Wendung zu geben. Arbeite daran, deine Perspektive bewusst zu verändern und positivere Gedanken zu kultivieren.

Humor spielt ebenfalls eine wichtige Rolle. Versuche den Sinn für Humor nicht zu verlieren und die positiven Seiten des Lebens zu sehen. Selbst in herausfordernden Situationen kannst du über lustige Situationen oder amüsante Aspekte nachdenken. Das Lachen kann eine wirksame Bewältigungsstrategie sein und dir helfen, Stress abzubauen und eine positive Perspektive zu bewahren.

Ein gesunder Lebensstil ist ein weiterer Faktor, der dazu beitragen kann, positiver zu denken. Regelmäßige körperliche Aktivität, idealerweise etwa 30 Minuten an den meisten Tagen der Woche, kann deine Stimmung positiv beeinflussen und Stress reduzieren. Eine ausgewogene Ernährung ist ebenso wichtig, um deinen Geist und Körper zu stärken. Vergiss nicht, ausreichend Schlaf zu bekommen und lerne Stressbewältigungstechniken, um deine Resilienz zu verbessern.

Es ist auch von Bedeutung, dich **mit positiven Menschen** zu **umgeben.** Achte darauf, dass die Menschen in deinem Leben positiv und unterstützend sind. Verlass dich auf sie, um hilfreiche Ratschläge und Feedback zu geben. Negative Menschen können deinen Stresslevel erhöhen und deine Fähigkeit in Frage stellen, Stress auf gesunde Weise zu bewältigen.

Ein weiterer wichtiger Ansatz ist die Praxis **positiver Selbstgespräche.** Sei sanft und ermutigend zu dir selbst. Vermeide es, dir selbst etwas zu sagen, was du auch anderen nicht sagen würdest. Wenn dir ein negativer Gedanke in den Sinn kommt, bewerte ihn rational und antworte mit Bestätigungen für die guten Dinge an dir. Denke an Dinge in deinem Leben, für die du dankbar bist.

Indem du diese Ansätze in deinen Alltag integrierst und aktiv an einem positiven Mindset arbeitest, kannst du nach und nach positive Veränderungen in deinen Denkmustern herbeiführen.

2.3.4 Beispiele für negative Selbstgespräche und wie du ihnen eine positive Denkweise geben kannst:

Negatives Denken	**Positives Denken**
Ich bin nicht gut genug.	Ich bin einzigartig und habe meine eigenen Stärken.
Das wird nie funktionieren.	Ich kann Wege finden, um es zum Erfolg zu führen.
Ich bin ein Versager.	Jeder Fehler ist eine Lektion, die mich näher zum Erfolg bringt.
Ich habe immer Pech.	Ich habe die Fähigkeit, mein Glück selbst zu beeinflussen.

Negatives Denken	Positives Denken
Andere sind besser als ich.	Jeder hat seine eigene Reise und ich kann meinen eigenen Erfolg erreichen.
Ich werde es sowieso nicht schaffen.	Mit Ausdauer und harter Arbeit kann ich meine Ziele erreichen.
Ich werde immer in meinem Elend stecken.	Ich kann meine Situation verändern und ein erfülltes Leben führen.
Ich habe es nicht verdient, glücklich zu sein.	Ich habe das Recht, Glück und Erfüllung zu erleben.

Wenn du dazu neigst, eine negative Einstellung zu haben, erwarte nicht, über Nacht zum Optimisten zu werden. Mit regelmäßigem Training und Übung wirst du im Laufe der Zeit feststellen, dass deine inneren Dialoge weniger selbstkritisch werden und stattdessen mehr Selbstakzeptanz enthalten. Du wirst möglicherweise auch eine geringere Tendenz haben, kritisch auf die Welt um dich herum zu reagieren. Wenn du im Allgemeinen optimistisch eingestellt bist, wirst du in der Lage sein, den Alltagsstress besser und konstruktiver zu bewältigen. Diese Fähigkeit kann zu den bekannten gesundheitlichen Vorteilen des positiven Denkens beitragen.

3. Methoden des positiven Denkens

Das Konzept des positiven Denkens ist keine neue Idee, sondern hat eine lange Geschichte. Schon in der Antike gab es Philosophen wie Epiktet oder Seneca, die sich mit der

Bedeutung einer positiven Einstellung und mentalen Stärke beschäftigten. Im 20. Jahrhundert prägten Persönlichkeiten wie Norman Vincent Peale oder Dale Carnegie das Konzept des positiven Denkens und entwickelten Methoden, um es in den Alltag zu integrieren. Sowohl Epiktet als auch Seneca waren bedeutende Philosophen der antiken Stoischen Schule. Sie beschäftigten sich intensiv mit Themen wie persönlicher Entwicklung, Selbstdisziplin und der Bedeutung einer positiven Einstellung und mentalen Stärke. Ihre Lehren legten den Grundstein für das Konzept des positiven Denkens und beeinflussten viele spätere Denker und Autoren in diesem Bereich.

Im 20. Jahrhundert haben Persönlichkeiten wie Norman Vincent Peale und Dale Carnegie das Konzept des positiven Denkens maßgeblich geprägt und weiterentwickelt. Norman Vincent Peale war ein US-amerikanischer Pfarrer und Autor, der durch sein Buch "The Power of Positive Thinking" (Die Kraft des positiven Denkens) weltweite Bekanntheit erlangte. Er betonte die Bedeutung positiver Gedanken und Überzeugungen, um persönliches Wachstum und Erfolg zu erreichen.

Dale Carnegie war ein amerikanischer Autor und Motivationstrainer, der vor allem durch sein Buch "How to Win Friends and Influence People" (Wie man Freunde gewinnt) bekannt wurde. Obwohl sein Werk hauptsächlich auf zwischenmenschlichen Beziehungen abzielte, beinhaltete es auch Prinzipien des positiven Denkens und der positiven Kommunikation. Carnegie betonte die Auswirkungen einer positiven Einstellung auf die zwischenmenschliche Interaktion und den persönlichen Erfolg.

Diese Persönlichkeiten trugen dazu bei, das Konzept des positiven Denkens in der modernen Gesellschaft zu etablieren und entwickelten praktische Methoden, um es in den Alltag zu integrieren. Ihre Werke und Ansätze haben zahlreiche Menschen inspiriert und beeinflusst, positive Denkweisen zu kultivieren und ihr Leben positiv zu gestalten.

Im Laufe der Jahre haben sich viele verschiedene Methoden des positiven Denkens entwickelt, die auf unterschiedlichen psychologischen Ansätzen basieren. Einige dieser Methoden sind bereits seit Jahrhunderten bekannt, während andere erst in jüngerer Zeit entwickelt wurden. Eines haben jedoch alle gemeinsam: Sie sollen uns dabei unterstützen, eine positive Einstellung und mentale Stärke zu entwickeln.

Im Folgenden werden wir uns näher mit vier Methoden des positiven Denkens beschäftigen: Affirmationen, Achtsamkeit, Visualisierung und Meditation. Diese Methoden haben sich als besonders wirkungsvoll erwiesen und können uns dabei helfen, ein positives Mindset zu entwickeln und unser Leben positiver zu gestalten.

3.1 Affirmationen

Eine der wirkungsvollsten Methoden des positiven Denkens sind Affirmationen – positive Aussagen, die uns dabei unterstützen, selbstzerstörerische und negative Gedanken zu überwinden. Wenn sie oft wiederholt werden können positive Veränderungen herbeigeführt werden.

Gedanken, die uns an unserer Entwicklung hindern und Negativität fördern wie: „ ich kann diesen Job nicht machen, ich bin einfach nicht schlau genug“, oder „ich bin ein schlechter Redner, ich bringe unsere Firma nur in Verlegenheit“

beeinflussten unser Selbstvertrauen, unsere Stimmung und unsere Einstellung zu uns selbst.

Und nicht nur das, negative Gendanken werden oft zu sich selbst erfüllenden Prophezeiungen. Indem wir uns einreden, dass wir nicht gut genug sind und andere selbst vernichtende Gedanken, beeinträchtigen wir unser Privatleben, unsere Beziehungen und unsere Karriere.

Wenn du jedoch bewusst das Gegenteil denkst und positive Aussagen über dich selbst entwickelst, kann die Wirkung genauso stark sein, aber in die richtige Richtung.

3.1.1 Was sagt die Wissenschaft zu Affirmationen?

Positive tägliche Affirmationen sind eine Selbsthilfetechnik, die entwickelt wurde, um negative Gedanken herauszufordern und das Selbstvertrauen zu stärken. Aber funktioniert diese Technik wirklich? Gibt es wissenschaftliche Belege dafür?

Ja, die Wirksamkeit von positiven Affirmationen wird durch wissenschaftliche Studien unterstützt. Untersuchungen haben gezeigt, dass das regelmäßige Wiederholen positiver Aussagen dazu beitragen kann, bestimmte Bereiche des Gehirns zu aktivieren, die mit der Selbstwahrnehmung und Belohnung verbunden sind. Die Wissenschaft nennt dies auch "Neuroplastizität".

Es ist wichtig, das Konzept der Neuroplastizität zu verstehen, der Fähigkeit des Gehirns, sich neu zu vernetzen und zu verändern. Durch täglich wiederholte positive Aussagen helfen Sie Ihrem Gehirn, ein mentales Bild Ihrer Ziele oder der gewünschten Version Ihrer selbst zu formen. Dieses mentale Bild aktiviert die gleichen Gehirnregionen, die auch bei tatsächlichen Erfahrungen aktiviert werden würden.

Indem du diese positiven Aussagen als Tatsachen zu akzeptierst, bereitet sich dein Gehirn darauf vor, Maßnahmen zu ergreifen, um deine Ziele zu erreichen. Betrachte Affirmationen jedoch nur als einen Schritt, denn um echte Veränderungen in deinem Leben hervorzurufen, sind Handlungen erforderlich.

Insgesamt unterstützt die wissenschaftliche Forschung die Wirksamkeit von positiven Affirmationen als Mittel zur Förderung des Selbstvertrauens und zur Veränderung negativer Denkmuster. Wenn du diese Technik anwendest und gleichzeitig handelst, kannst du positive Veränderungen in deinem Leben bewirken.

3.1.2 Wie werden Affirmationen für ein positives Mindset angewendet?

Um ein positives Mindset zu fördern, können Affirmationen effektiv eingesetzt werden. Hier sind einige Schritte, wie du Affirmationen für dich selbst anwenden kannst:

Zunächst einmal ist es wichtig, deine **negativen Gedanken zu identifizieren**. Achte bewusst auf deine Gedanken und erkenne negative oder selbstlimitierende Überzeugungen, die du hast. Dieser Schritt ermöglicht es dir, gezielt an diesen negativen Überzeugungen zu arbeiten.

Als nächstes solltest du **positive Aussagen formulieren**. Erstelle Affirmationen, die diesen negativen Überzeugungen entgegenwirken. Formuliere sie positiv, realistisch und individualisiere sie auf deine Bedürfnisse. Vermeide Worte wie "nicht" oder "kein", da unser Unterbewusstsein diese oft überspringt.

Wiederhole die Affirmationen regelmäßig. Nimm dir jeden Tag bewusst Zeit dafür, zum Beispiel morgens nach dem Aufwachen oder vor dem Schlafengehen. Wiederhole die Sätze mit Überzeugung und verinnerliche sie.

Verbinde deine Affirmationen mit Visualisierung. Stelle dir lebhaft vor, wie du deine Ziele erreichst, selbstbewusst und erfolgreich bist. Verknüpfe die Affirmationen mit Bildern, denn sie verstärken die Wirkung auf dein Unterbewusstsein.

Es ist auch wichtig, **Emotionen** mit deinen Affirmationen zu verbinden. Beim Wiederholen der Sätze kannst du positive Emotionen erzeugen. Fühle die Freude, das Selbstvertrauen und den Erfolg, die mit den Aussagen verbunden sind. Emotionen verstärken die Wirkung der Affirmationen und unterstützen die Veränderung deiner Denkmuster.

Affirmationen allein reichen jedoch nicht aus, um Veränderungen herbeizuführen. Handle entsprechend deinen Affirmationen und setze **konkrete Schritte und Maßnahmen** um, die zu deinen Zielen passen. Nutze die Affirmationen als Antrieb, positive Veränderungen in deinem Leben umzusetzen.

Kontinuität und Überzeugung sind der Schlüssel zum Erfolg, um deine Denkmuster auf eine optimistischere und selbstbestärkende Art und Weise zu beeinflussen. Indem du diese Schritte befolgst und an deinen Affirmationen festhältst, kannst du nach und nach ein positives Mindset entwickeln.

3.1.3 Beispielsätze für Affirmationen

- Ich bin stark, selbstbewusst und voller innerer Stärke.
- Ich besitze die Fähigkeiten und das Wissen, um meine Ziele zu erreichen.
- Jeden Tag werde ich besser und besser in dem, was ich tue.

- Ich bin wertvoll und verdient es, Liebe und Glück zu erfahren.
- Ich vertraue darauf, dass das Universum mir positive Möglichkeiten bietet.
- Ich bin mutig und gehe selbstbewusst meinen eigenen Weg.
- Ich bin dankbar für alle wunderbaren Dinge in meinem Leben.
- Ich bin voller Energie und Vitalität und strahle positive Ausstrahlung aus.
- Ich lasse meine Ängste los und treffe mutige Entscheidungen.
- Ich ziehe positive Menschen und Ereignisse in mein Leben an.
- Ich bin bereit, aus Fehlern zu lernen und wachse dadurch.
- Ich habe die Kraft, mich von negativen Gedanken zu befreien und sie durch positive zu ersetzen.
- Ich bin ein Magnet für Erfolg und erreiche meine Ziele mit Leichtigkeit.
- Ich bin geduldig und vertraue auf den natürlichen Fluss des Lebens.
- Ich bin kreativ und bringe meine einzigartigen Ideen in die Welt.
- Ich bin voller Energie und nutze sie, um meine Träume zu verwirklichen.
- Ich bin einzigartig und wertvoll, genau so, wie ich bin.
- Ich öffne mein Herz für Liebe und ziehe liebevolle Beziehungen in mein Leben.
- Ich bin frei von Sorgen und lebe im gegenwärtigen Moment.

Diese Affirmationen können als Ausgangspunkt dienen, du solltest sie jedoch an deine individuellen Bedürfnisse und Ziele anpassen. Wiederhole sie regelmäßig und nimm sie aktiv in dein tägliches Denken auf und handle danach.

3.2 Achtsamkeit

Achtsamkeit ist ein Begriff, der aus der jahrtausendealten buddhistischen Tradition stammt und in den letzten Jahrzehnten auch in der westlichen Welt immer mehr an Bedeutung gewonnen hat. Es ist eine Praxis der bewussten und absichtsvollen Aufmerksamkeit für den gegenwärtigen Moment, ohne Wertung oder Urteil.

Achtsamkeit bedeutet, mit voller Präsenz und Gewahrsein in der Gegenwart zu sein und die Erfahrungen und Empfindungen bewusst wahrzunehmen, sei es durch die Sinneswahrnehmungen, die Gedanken oder die Gefühle.

3.2.1 Geschichte der Achtsamkeit

Der Ursprung der Achtsamkeitspraxis liegt im Buddhismus, insbesondere im sogenannten Vipassana- oder Einsichtsmeditations-Tradition. Diese Tradition betont die Entwicklung von Klarheit und Weisheit durch die direkte Erforschung des eigenen Geistes und Körpers. Sie wird dazu verwendet, Geistesruhe zu erreichen und eine tiefere Einsicht in die Natur des Seins zu erlangen.

Die moderne Anwendung von Achtsamkeit außerhalb des religiösen Kontextes begann in den 1970er Jahren, als der Mediziner Jon Kabat-Zinn das sogenannte "Mindfulness-Based Stress Reduction" (MBSR) Programm entwickelte. Dieses Programm integriert achtsamkeitsbasierte Praktiken in den Bereich der Medizin und Psychologie, um Menschen bei der

Stressbewältigung und der Förderung des allgemeinen Wohlbefindens zu unterstützen.

Seitdem haben zahlreiche wissenschaftliche Studien die positiven Auswirkungen von Achtsamkeit auf die geistige und körperliche Gesundheit nachgewiesen. Die Praxis der Achtsamkeit kann Stress reduzieren, die Konzentration und Kreativität verbessern, das emotionale Wohlbefinden steigern und die Beziehungen zu anderen Menschen stärken.

Widme dich der Achtsamkeit und schaffe einen Raum im Hier und Jetzt und verbinde dich mit dem gegenwärtigen Moment. Dadurch kannst du dich von negativen Gedanken und Sorgen lösen und eine tiefere Verbindung mit dir selbst und der Welt um dich herum erreichen.

3.2.2 Die Praxis der Achtsamkeit für ein positives Mindset

Schärfe dein **Bewusstsein für den gegenwärtigen Moment** und konzentriere dich auf den jetzigen Augenblick. Deine negativen oder gestressten Gedanken beruhigen sich und du kannst eine positive Einstellung fördern.

Eine zentrale Komponente der Achtsamkeitspraxis besteht darin, das Bewusstsein für den gegenwärtigen Moment zu schärfen. Indem du dich auf den jetzigen Augenblick fokussierst, kannst du deine Gedanken beruhigen, Stress reduzieren und eine positive Einstellung fördern.

Dies kannst du beispielsweise durch **das Beobachten deines Atems** erreichen:

Suche dir einen ruhigen Ort und schließe die Augen. Atme ein und richte deine volle Konzentration darauf. Spüre in deinen

Körper hinein, wie er in dich hineinströmt und wieder heraus. Konzentriere dich dabei auch darauf, wie sich dein Bauch hebt und senkt und die Luft durch deine Nasenlöcher strömt. Wenn deine Gedanken abschweifen, komme sanft zu deiner Atmung zurück. Du wirst spüren wie du mit jedem Atemzug ruhiger wirst und der gegenwärtige Moment präsent.

- Stelle dir vor, du sitzt in einem Park und beobachtest die Blätter eines Baumes, wie sie im Wind sanft hin und her schwingen. Du spürst die Wärme der Sonne auf deinem Gesicht und hörst das leise Rascheln der Blätter. Du fokussierst dich vollständig auf diese Beobachtung und lässt alle anderen Gedanken vorüberziehen. In diesem Moment bist du ganz gegenwärtig und kannst die Ruhe und Schönheit der Natur intensiv wahrnehmen.

Eine weitere Möglichkeit Achtsamkeit in dein Leben zu integrieren ist das **achtsame Essen**:

Achte dabei bewusst auf deine Sinneserfahrungen. Beachte den Geschmack, die Textur und den Geruch. Kau langsam und genieße jeden Bissen.

- Ein Beispiel: Du beißt in einen saftigen Apfel und spürst es knacken und der Geschmack breitet sich auf deiner Zunge aus. Du riechst den frischen Duft des Apfels und genießt das Aroma und fühlst wie die Nahrung dir Energie und Vitamine gibt

Zur Achtsamkeit gehören auch die **Akzeptanz und das Loslassen**. Das heißt, die die Fähigkeit, Dinge so zu anzunehmen, wie sie sind. Lass dabei negative Gedanken oder Emotionen los. Wenn du akzeptierst, dass das Leben nicht immer perfekt ist und

Veränderungen entwickeln können, kannst du inneren Frieden finden.

Beobachte bewusst deine Gedanken und Emotionen. Wenn negative Gedanken auftauchen, erkenne sie einfach, als etwas Vorrübergehendes. Betrachte sie wie Wolken, die an dir vorüberziehen, ohne dass sie dich mitnehmen. Lass sie einfach sein, aber lass dich nicht von ihnen mitnehmen.

- Stell dir vor, dass du in einem Park sitzt und deine Mittagspause genießen willst. Doch es tauchen negative Gedanken über deine Arbeit auf, wie beispielsweise eine bevorstehende Aufgabe. Nimm bewusst Abstand dazu und lass alles ziehen ohne dich damit zu identifizieren.
- Nimm stattdessen wahr, was wirklich hier ist, wie das Rascheln von Blättern, Sonnenstrahlen auf deinem Gesicht oder der Gesang der Vögel. Wenn du bewusst Gedanken und Emotionen beobachtest.

Wenn du deine Gedanken und Emotionen bewusst beobachtest und ihnen nicht nachgibst, schaffst du Raum für positive und beruhigende Momente und Erfahrungen im gegenwärtigen Moment.

Versuche auch **flexibel** im Leben zu sein. Es gibt immer irgendwelche Wendungen, die nicht vorhersehbar sind. Passe dich daran an und kämpfe nicht dagegen. Nimm Veränderungen als Möglichkeit zur persönlichen Entwicklung und Wachstum an.

- Ein Beispiel: Du wolltest mit Freunden am Wochenende feiern, doch die Feier wurde abgesagt. Anstatt enttäuscht zu sein, kannst du auch andere schöne Wege finden, wie du die Zeit gut nutzen kannst. Vielleicht neue

Wanderwege erkunden und Ruhe und die Möglichkeit, dich mit dir selbst zu verbinden.

Ebenso gehören Zur Achtsamkeit **Selbstmitgefühl und Selbstfürsorge**. Sei liebevoll mit dir selbst, akzeptiere dich und du kannst dein positives Mindset stärken und ein wohliges Gefühl erzeugen.

Nimm dir dazu regelmäßig Zeit, für die Dinge, die dir Spaß machen und dich entspannen. Meditation, Yoga, ein warmes Bad, das Lesen eines inspirierenden Buches oder das Hören von beruhigender Musik sind nur einige Beispiele. Sei dabei im jetzigen Moment und genieße dich Zeit für dich.

- Bereite dir beispielsweise ein warmes Bad, zünde Kerzen an, lass das warme Wasser um deinen Körper fließen und spüre, wie die Anspannung in deinen Muskeln langsam nachlässt. Da kannst leise Musik dabei hören und deine Gedanken vorbeiziehen lassen. Bleibe dabei im Hier und Jetzt. Selbstfürsorgliche Aktivitäten helfen dir dabei eine positive Atmosphäre zu schaffen und Stress abzubauen.

Achte auch auf deine inneren Dialoge und **ersetze negative Selbstgespräche** oder Selbstkritik durch **liebevolle und mitfühlende Gedanken**. Sprich zu dir selbst wie zu einem guten Freund und gib dir selbst Mut. Sei nachsichtig mit dir und akzeptiere, dass Fehler und Misserfolge zum menschlichen Leben dazugehören.

- Ein Beispiel: In der Arbeit unterläuft dir ein Fehler und du bist frustriert und enttäuscht von dir selbst. Doch anstatt dich selbst herunterzuziehen, kannst du zu dir sagen: „Es ist in Ordnung, Fehler zu machen, es ist menschlich. Ich kann daraus lernen."

Die Praxis von **Dankbarkeit und Wertschätzung** ist ein weiteres Tool der Achtsamkeit. Fokussiere dich auf die positiven Aspekte im Leben und sei dankbar für das, was du hast.

Schreibe jeden Tag auf, für was du dankbar ist. Da können kleine Freuden im Alltag sein, zwischenmenschliche Beziehungen oder deine persönlichen Eigenschaften oder Erfolge sein. Nimm dir bewusst Zeit dafür.

- Beispiel: "Ich bin dankbar für die liebevolle Unterstützung meiner Familie, für einen sonnigen Tag und für das inspirierende Buch, das ich gerade lese."

Erkenne die kleinen Freuden im Leben und lerne sie zu schätzen. Genieße die Einzigartigkeit der gegenwärtigen Erfahrungen. Sieh die positiven Aspekte und schätze sie.

- Beispiel: Du gehst spazieren und nimmst die Schönheit der Natur um dich herum wahr. Du hältst einen Moment inne, um die bunten Blumen am Wegesrand zu bewundern, das Zwitschern der Vögel zu hören und die warme Sonne auf deiner Haut zu spüren. Du fühlst dich tief dankbar für diese wunderbaren Sinneserfahrungen.

Wenn du Achtsamkeitspraktiken in dein Leben integrierst, wird du merken, dass es positive Auswirkungen nicht nur auf dich, sondern auch um die Menschen um dich herum hat.

Nutze die Techniken und passe sie an deine individuellen Bedürfnisse an. Sei geduldig mit der selbst und übe kontinuierlich. Der Prozess erfordert Zeit und geschieht nicht von heute auf morgen.

3.3 Visualisierung

Visualisierung ist eine kraftvolle Methode des positiven Denkens, die uns ermöglicht, mentale Bilder und Vorstellungen zu erschaffen. Stellen wir uns die positive Visualisierung als eine Art "mentale Probe" vor, die wir in unserem Geist durchführen. Ähnlich wie ein Tagtraum, konzentriert sich die Visualisierung jedoch stärker auf die Ziele, die wir erreichen möchten. Durch diese Übung können selbst scheinbar unmögliche Aufgaben machbar erscheinen.

Positive Visualisierung bezieht sich darauf, sich auf die positiven Aspekte des Lebens zu konzentrieren. Sie nutzt die Kraft des positiven Denkens, um Situationen in der realen Welt zu beeinflussen. Der Schlüssel liegt darin, eine Situation bereits in unserem Geist zu visualisieren, noch bevor sie tatsächlich eintritt. Sobald wir unser Ziel klar vor Augen haben, können wir uns Schritt für Schritt auf die Details konzentrieren, die notwendig sind, um es zu erreichen.

3.3.1 Wie funktioniert die Visualisierung?

Im Leben und in der Arbeit beginnt der Erfolg mit einem Ziel. Was auch immer es sein mag, wie beispielsweise das Rauchen aufzuhören, eine Gehaltserhöhung, Gewicht zu verlieren oder ein eigenes Unternehmen zu gründen. Es ist nicht relevant, ob es sich um ein großes oder kleines Ziel handelt, sie geben uns einen Sinn und einen Kompass auf dem richtigen Weg. Es erfordert meist harte Arbeit und Entschlossenheit es zu erreichen.

Doch leider bleiben wir oft in einer Zielphase stecken. Gute Absichten und ein Plan sind vielleicht präsent, doch es gelingt uns nicht, alles umzusetzen. Die Gründe dafür sind unzählig – Geschäftigkeit, Ungeduld, Angst oder negativer Druck sind nur einige davon. Doch wie können wir auf diese Herausforderung reagieren und uns in die richtige Richtung des Ziels bewegen?

Bevor wir an ein Ziel glauben, brauchen wir zunächst eine **Vorstellung** davon. Hier kommt die Visualisierung ins Spiel, bei der es sich einfach um eine Technik handelt, um sich ein mentales Bild eines zukünftigen Ereignisses zu machen. Wenn wir uns unser gewünschtes Ergebnis vorstellen, beginnen wir, die Möglichkeit zu „sehen", es zu erreichen. Durch Visualisierung erhaschen wir einen Blick auf unsere „bevorzugte Zukunft" ist. Wenn dies geschieht, sind wir motiviert und bereit, unser Ziel zu verfolgen.

Bei der Visualisierung handelt sich nicht um eine Spielerei, noch geht es darum, von einer besseren Zukunft zu träumen oder zu hoffen. Es ist eine gut entwickelte Methode zur Leistungsverbesserung, die durch umfangreiche wissenschaftliche Erkenntnisse gestützt wird und von erfolgreichen Menschen in einer Reihe von Bereichen eingesetzt wird.

3.3.2 Wie unsere Vorstellungskraft unser Gehirn beeinflusst

Visualisierung funktioniert aufgrund von neurologischen Prozessen in unserem Gehirn. Forschungen mit Gehirnbildern haben gezeigt, dass unsere Neuronen, also die elektrisch erregbaren Zellen, die Informationen übertragen, Bilder als gleichwertig mit einer realen Handlung interpretieren.

Das bedeutet, wenn wir uns eine Handlung in unserer Vorstellung vorstellen, sendet das Gehirn Impulse an die Neuronen, als ob wir tatsächlich die Handlung ausführen würden.

Diese Vorstellung erzeugt eine neue Nervenverbindung im Gehirn, indem Zellcluster zusammenarbeiten, um Erinnerungen oder erlernte Verhaltensweisen zu bilden.

Diese Verbindungen bereiten unseren Körper darauf vor, in einer Weise zu handeln, die unseren Vorstellungen entspricht. Interessanterweise geschieht dies alles, ohne dass wir tatsächlich körperlich aktiv werden, und dennoch erzielen wir ähnliche Ergebnisse wie bei der tatsächlichen Durchführung der Handlung.

Wenn wir uns also zum Beispiel vorstellen, wie wir eine bestimmte Fähigkeit entwickeln oder ein Ziel erreichen, trainieren wir unser Gehirn, neue Verbindungen zu schaffen, die uns dabei helfen, diese Ziele zu verwirklichen.

Durch regelmäßige positive Visualisierung können wir unser Gehirn auf Erfolg und positiv Ergebnisse programmieren

Es gibt zwei Arten der Visualisierung, die du gemeinsam nutzen solltest, um den größt möglichsten Effekt zu erzielen.

3.3.3Erschaffe ein mentales Bild des Erfolgs - die Ergebnisvisualisierung

Die erste Methode ist die Ergebnisvisualisierung, bei der du dir vorstellst, dein Ziel zu erreichen. Erschaffe dabei mit allen Sinnen ein detailliertes geistiges Bild des gewünschten Ergebnisses.

Stell dir vor, dass dein Ziel ist, einen Marathon zu laufen. Visualisiere, wie du die Ziellinie in der gewünschten Zeit überquerst. Halte dieses Bild so lange, wie möglich fest und versuch dabei zu spüren, wie es sich anfühlt. Du schaust auf deine Uhr, du bist erschöpft, du hast es geschafft. Wer begrüßt dich nach dem Rennen – sind es deine Freude, deine Familie oder andere Läufer? Stell dir die Aufregung, die Freude, den Nervenkitzel vor, den du erleben wirst, wie du die Erschöpfung überwindest und anderen in die Arme fällst.

Es kann hilfreich sein, Ziele aufzuschreiben und dann so detailliert wie möglich zu visualisieren. Ein mentales, lebendiges Bild zu schaffen, kann deine Motivation für dein Ziel zudem stärken.

3.3.4 Prozessvisualisierung: Die einzelnen Schritte zum Erfolg

Die zweite Art der Visualisierung ist die Prozessvisualisierung, bei der alle Schritte visualisiert werden, die erforderlich sind, um ein gewünschtes Ergebnis zu erzielen. Konzentriere dich darauf, alle Schritte auszuführen, aber nicht ausschließlich auf das Gesamtziel selbst.

Zurück zum Marathonbeispiel: Stell dir vor dem Lauf vor, wie gut du läufst, wie das Blut durch deine Beine pumpt, deine Arme dabei entspannt sind und du deine Atmung kontrollierst. Unterteile den Lauf in Abschnitte und stell dir vor, wie du sie einen nach dem anderen erreichst. Denke dabei an dein Tempo, deinen Laufstil und deine Zwischenzeiten. Visualisiere, wie es sich anfühlen wird, wenn dein Körper an den Punkt gelangt, an dem er aufgeben möchte, und was du tun musst, um dies zu überwinden.

Wahrscheinlich wird keiner von uns einen Marathon laufen, aber wir können dieselben Prinzipien anwenden, um jedes Ziel zu erreichen. Erschaffe ein lebendiges mentales Bild von deinem Erfolg. Stell dir die einzelnen Schritte dabei vor und verwende positive mentale Bilder, wie den Läufer, der trotz der Herausforderungen die Schranke durchbricht und weiterläuft. Dies hilft dir dabei, motiviert zu bleiben, wenn du auf Hindernisse triffst oder Rückschläge erlebst.

Interessanterweise besteht der Prozess der Visualisierung nicht darin, sich ausschließlich auf das Endziel zu konzentrieren. Es sind die **konkreten Schritte**, die du unternehmen musst, die du kontinuierlich visualisieren solltest. Springe nicht direkt zum Ende des Ziels. Wenn du dich auf positive Visualisierung einlässt, lasse den gesamten Film in deinem Kopf abspielen, bis er zu Ende ist. Stelle dir vor, wie du die konkreten Maßnahmen ergreifst. Letztendlich sind es die Handlungen, die zu Ergebnissen führen. Dazu solltest du acht beachten, dass die Szenen, die du visualisierst, spezifisch sein sollten und möglichst viele Sinne einbeziehen. Stelle es dir so genau vor, als würde es gerade jetzt stattfinden. Beanspruche so viele Sinne wie möglich. Was trägst du? Was ist um dich herum? Was fühlst du? Was riechst, schmeckst und hörst du?

Manchen Menschen fällt das Visualisieren leicht, indem sie die Augen schließen und sofort lebendige geistige Bilder erzeugen. Doch für die meisten von uns ist es eine Fähigkeit, die wir entwickeln müssen. Um kraftvolle Effekte zu erleben, ist regelmäßiges Üben erforderlich.

3.3.5 Die transformative Kraft der Visualisierung:

Stell dir eine Situation vor, in der du entspannt und glücklich warst. Es kann ein besonderes Ereignis, wie zum Beispiel eine

Hochzeit oder auch nur ein kleiner Moment sein, wie am Strand zu sitzen und die Wellen zu beobachten.

Stell dir nun vor, dass du dich in dieser Szene befindest. Du kannst darüber laut sprechen oder es dir einfach denken. Wie waren deine Sinne beteiligt?

Das könnte beispielsweise sein:"Ich gehe an einem herrlich, schönem Tag am Strand spazieren. Die Sonne scheint, der Himmel ist klar und blau. Ich sehe die sanften Wellen des Meeres und die Möwen die in der Nähe fliegen. Ich kann das Salz riechen der Meeresluft riechen und auf meiner Zunge schmecken. Ich höre das Rauschen der Wellen und das Kreischen der Möwen. Ich wärme meinen Körper in der Sonne. Ich fühle mich ganz ruhig, entspannt und glücklich. Ich liebe am Strand zu sein.

Wenn du dir nun diese Szene so vorstellst, wirst du bemerken, das Positivität durch deinen Körper strömt. Du kannst in diesem Zustand verweilen und dein Körper und Geist werden in diesem Zustand profitieren.

Finde auch heraus, wann der **ideale Zeitpunkt** ist, um deine Visualisierung zu praktizieren. Es gibt zwei besonders kraftvolle Momente, die du dafür nutzen kannst: der frühe Morgen und der Moment kurz vor dem Schlafengehen.

In den frühen Morgenstunden, wenn du gerade aus dem Schlaf erwachst, ist dein Gehirn in einem Zustand, der als "Alpha" bezeichnet wird. In diesem Zustand, der zwischen 8 und 12 Hz liegt, ist dein Gehirn besonders empfänglich für Impulse und Einflüsse auf dein Unterbewusstsein. Es ist ein Moment absoluter Entspannung. Nutze diese wertvolle Zeit, um deinen Tag zu visualisieren und dir bewusst zu machen:

- Wie möchtest du, dass er aussieht?
- Wie soll er sich anfühlen?
- Welche inspirierenden Gespräche und Klänge möchtest du hören?
- Welche betörenden Düfte sollen dich umgeben?

Erschaffe eine lebendige und positive Vorstellung. Dadurch erschaffst du positive neuronale Verbindungen, die sich mit jedem Üben stärken.

Ein weiterer Zeitpunkt könnte auch am Abend gut gewählt sein. Wenn du dich auf deinen Schlaf vorbereitest, dann lass den vergangenen Tag Revue passieren und konzentriere dich auf die positiven Aspekte und deine erreichten Ziele.

Während wir schlafen, schaltet unser Gehirn vom Bewusstsein auf das Unterbewusstsein um. In dieser Phase durchläuft das Unterbewusstsein alle Ereignisse des Tages. Erstaunlicherweise wiederholt es diese Gedanken und Geschichten etwa drei bis fünf Mal pro Nacht.

Noch bemerkenswerter ist, dass das Unterbewusstsein sich 30 Minuten vor dem Schlafengehen auf unsere Gedanken und Handlungen konzentriert und diese mindestens 15 bis 17 Mal wiederholt! Nutze diese Zeit, um dich auf die gewünschten positiven Ergebnisse zu fokussieren und sie in deiner Vorstellungskraft zum Leben zu erwecken. Lass dein Unterbewusstsein den Rest erledigen!

Nimm dir Zeit und Raum für diese Übung. Wähle einen Moment, in dem du ungestört bist. Löse dich von der Außenwelt und finde inneren Frieden. Schalte dein Telefon auf leise und finde eine bequeme Sitz- oder Liegeposition.

Atme tief ein und aus und beruhige deinen Geist und Körper. Lass die Bilder, die du in deinem Kopf malst, zum Leben erwachen und fühle sie intensiv. Je mehr Emotionen du dabei erlebst, desto kraftvoller werden die Ergebnisse sein.

3.4 Meditation

Meditation wird von Menschen auf der ganzen Welt praktiziert, um Körper und Geist in Einklang zu bringen und eine bessere geistige und emotionale Gesundheit zu erreichen. Die Praxis der Meditation hat eine lange Tradition in verschiedenen Kulturen und hat auch im Westen zunehmend wissenschaftliche Aufmerksamkeit erhalten. Aktuelle Forschungsergebnisse weisen auf eine Vielzahl von gesundheitlichen Vorteilen hin, die mit der regelmäßigen Meditation einhergehen können.

Die Praxis der Meditation ist ein Teil der aktuellen Bemühungen vieler Menschen, ihr Wohlbefinden zu verbessern. Es gibt eine steigende Anzahl von Menschen, die Veränderungen in ihrem Tagesablauf und ihrer Ernährung vornehmen, um ihre Gesundheit zu fördern. Die Meditation bietet eine Möglichkeit, sich auf das emotionale und körperliche Wohlbefinden zu konzentrieren und kann dabei helfen, das Leben auf positive Weise zu verändern. Es gibt eine Vielzahl wissenschaftlich nachgewiesener Vorteile der Meditation, die wir im Folgenden teilen werden.

3.4.1 Verschiedene Meditationstechniken

Meditation ist eine mentale und emotionale Praxis, die darauf abzielt, Ruhe und Konzentration des Geistes zu erreichen. Es gibt verschiedene Techniken, die einzeln oder in Gruppen praktiziert werden können. Einige der bekanntesten und effektivsten Techniken sind:

- **Achtsamkeitsmeditation:** Diese Technik beinhaltet das bewusste Beobachten des gegenwärtigen Moments und das Loslassen von Urteilen. Sie kann sich auf den Atem, Körperempfindungen oder Umgebungsgeräusche konzentrieren.
- **Meditation mit Mantras**: Dabei wird ein Wort oder Satz still wiederholt, um den Geist zu fokussieren. Du kannst deine Gedanken dabei auf das Positive ausrichten und dein Unterbewusstsein mit diesen Botschaften füllen.
- **Geführte Meditation:** Hierbei leitet eine Aufzeichnung oder eine reale Person das meditative Erlebnis. Viele davon kannst du auch online abrufen.
- **Bewegungsmeditation:** Diese Technik basiert auf achtsamer Ausführung einer bestimmten Aktivität wie Yoga oder Gehen, wobei der Geist auf jede Bewegung gerichtet ist.

3.4.2 Vorteile der Meditation

Die Vorteile der Meditationspraxis sind umfangreich und die Forschung auf diesem Gebiet ist noch im Gange. Einige bereits entdeckte wissenschaftliche Erkenntnisse umfassen:

- **Stress- und Angstreduktion**: Meditation kann die Aktivität der Amygdala reduzieren, die mit Stress und Angst in Verbindung gebracht wird.
- **Verbesserte Aufmerksamkeit und Konzentration**: Die regelmäßige Meditation kann die Dichte der grauen Substanz in Bereichen des Gehirns erhöhen, die für Aufmerksamkeit und Konzentration verantwortlich sind.
- **Verbesserte soziale Fähigkeiten:** Die Praxis der Meditation kann einige soziale Fähigkeiten verbessern, wie z.B. Empathie.

- **Emotionsregulation:** Meditation kann helfen, Emotionen besser zu regulieren und unverhältnismäßige emotionale Reaktionen zu verringern.
- **Verbessertes Gedächtnis und kognitive Funktion**: Regelmäßige Meditation kann die kognitive Leistungsfähigkeit verbessern.

Diese wissenschaftlich belegten Vorteile der Meditation zeigen, dass sie eine wertvolle Praxis ist, um das Wohlbefinden zu fördern. Indem wir die verschiedenen Techniken der Meditation in unseren Alltag integrieren, können wir positive Veränderungen in unserem Leben bewirken.

Jetzt, da wir einen Überblick über die Grundlagen der Meditation und ihre Vorteile erhalten haben, wollen wir uns auf die Rolle der Meditation bei der Förderung von Positivität konzentrieren. Wir werden darüber sprechen, wie Meditation helfen kann, eine positivere Denkweise zu entwickeln, wie du Meditation in deinen Alltag integrieren kannst und welche verschiedenen Meditationstechniken besonders förderlich sind, um Positivität zu fördern.

3.4.3 Erste Schritte zur Meditation

Um Meditation effektiv nutzen zu können, ist es wichtig, einige Schritte zu befolgen, um in einen meditativen Zustand zu gelangen. Hier sind die Schritte, die du befolgen kannst:

Zuallererst solltest du einen ruhigen Ort finden. Suche nach einem Ort, der frei von Ablenkungen ist, und schalte alle elektronischen Geräte aus, einschließlich deines Telefons. Stelle sicher, dass dich niemand während der Meditation stört. Dieser Ort kann ein ruhiger Raum in deinem Zuhause sein oder ein abgeschiedener Ort in der Natur.

Nimm eine bequeme Sitzposition ein. Setze dich entweder auf einen Stuhl oder auf den Boden mit einem Meditationskissen. Halte deine Wirbelsäule aufrecht und entspanne deinen Körper.

Schließe sanft deine Augen oder senke deinen Blick. Dies hilft dir, Ablenkungen zu minimieren und dich auf deine innere Erfahrung zu konzentrieren.

Richte deine Aufmerksamkeit auf deinen Atem. Atme bewusst ein und aus und spüre, wie du langsam und gleichmäßig atmest. Konzentriere dich voll und ganz auf den Atemfluss und versuche, deine Gedanken zur Ruhe zu bringen.

Während du meditierst, werden Gedanken aufkommen. Beobachte diese Gedanken einfach, ohne dich in sie hineinziehen zu lassen. Lass sie vorbeiziehen wie Wolken am Himmel und bringe deine Aufmerksamkeit immer wieder sanft auf deinen Atem zurück.

Fokussiere dich auf den gegenwärtigen Moment. Lasse Sorgen um die Zukunft oder Gedanken an die Vergangenheit los. Konzentriere dich stattdessen auf die Empfindungen in deinem Körper und den Atem, der ein- und ausströmt.

Wenn du gerade erst mit der Meditation beginnst, starte mit kurzen Sitzungen von 5 bis 10 Minuten. Steigere die Dauer nach und nach, wenn du dich wohler fühlst und mehr Erfahrung gesammelt hast.

Indem du diese Schritte befolgst, kannst du einen meditativen Zustand erreichen und die Vorteile der Meditation nutzen. Beginne mit kleinen Schritten und erweitere deine Praxis im Laufe der Zeit, um die positiven Auswirkungen auf dein Wohlbefinden zu maximieren.

3.4.4 Tipps zum Meditieren für den Alltag

Um die Meditation erfolgreich in deinen Alltag zu integrieren, gibt es einige hilfreiche Tipps, die du anwenden kannst. Beginne damit, dir realistische Ziele zu setzen. Wenn du gerade erst mit dem Meditieren anfängst, starte mit einer kurzen Zeitdauer von 5 bis 10 Minuten. Du kannst dich langsam steigern, wenn du dich dabei wohlfühlst. Es ist besser, regelmäßig für kurze Zeit zu meditieren, anstatt gelegentlich für eine lange Zeit. Versuche, eine feste Zeit für deine Meditation einzuplanen, entweder am Morgen oder am Abend, wenn möglich.

Eine gemütliche Atmosphäre ist wichtig, damit du dich beim Meditieren wohl fühlst. Schaffe dir eine kleine Ecke in einem Raum, in der du ungestört sein kannst. Du kannst Kerzen aufstellen, leise Musik abspielen oder angenehme Düfte verwenden, um eine entspannende Umgebung zu schaffen.

Sei geduldig und freundlich zu dir selbst, wenn du mit der Meditation beginnst. Es ist normal, dass deine Gedanken anfangs umherschweifen oder dass es dir schwerfällt, ruhig zu sitzen. Akzeptiere diese Herausforderungen und sei geduldig mit dir selbst. Jeder Anfang ist schwer, und es ist wichtig, dass du dir selbst Freundlichkeit entgegenbringst. Jeder Tag bietet eine neue Möglichkeit, es erneut zu versuchen.

Während der Meditation konzentriere dich auf deinen Atem. Das Atmen in regelmäßigen Zyklen hilft dabei, deinen Geist zur Ruhe zu bringen und dich in einen meditativen Zustand zu versetzen. Dies ermöglicht es dir, deine Gedanken zu beobachten, ohne von ihnen überwältigt zu werden. Indem du dich auf deinen Atem fokussierst, schaffst du eine Verbindung zum gegenwärtigen Moment und lässt andere störende Gedanken los.

Achtsamkeit spielt eine wichtige Rolle bei der Meditation. Durch achtsame Wahrnehmung deiner Gedanken und Emotionen kannst du negative Gedankenmuster erkennen und sie durch positive ersetzen. Meditation und Achtsamkeit sind eng miteinander verbunden. Indem du regelmäßig meditierst, kannst du dein positives Denken stärken und eine innere Umgebung schaffen, die dir hilft, dich gut und glücklich zu fühlen. Dies erfordert jedoch Übung und Hingabe.

Wenn du deine positive Denkweise stärken möchtest, beginne damit, dir realistische langfristige Ziele zu setzen. Nimm dir Zeit für dich selbst und gönne dir eine Auszeit vom Alltag, um regelmäßig zu meditieren. Mit Geduld und Engagement wirst du bald die Vorteile der Meditation spüren und eine optimistischere Sichtweise auf die Welt entwickeln. Experimentiere mit verschiedenen Meditationsübungen, um herauszufinden, welche am besten zu dir passt. Jeder Mensch ist einzigartig, und nicht jede Technik funktioniert für jeden gleich gut. Probiere verschiedene Ansätze aus und finde heraus, welche am besten für dich funktioniert.

Studien:

- Laut einer Studie von Harvard Medical School haben Menschen, die regelmäßig meditieren, eine höhere Dichte der grauen Substanz in bestimmten Regionen des Gehirns, die mit Lernen, Gedächtnis und emotionaler Regulierung in Verbindung stehen. Die Studie legt nahe, dass Meditation dazu beitragen kann, das Altern des Gehirns zu verlangsamen und Funktionen wie Aufmerksamkeit und Empathie zu verbessern.

Dieses Beispiel zeigt die positiven Auswirkungen der Meditation auf die Gehirnfunktionen und wird durch eine renommierte Institution gestützt. https://www.ncbi.nlm.nih.gov/pmc/articles/PMC3004979/

- Eine Studie im Journal of Alternative and Complementary Medicine berichtete, dass regelmäßige Meditation helfen kann, Schlafstörungen zu reduzieren. Die Probanden in der Gruppe, die acht Wochen lang täglich meditierten, berichteten von einer signifikanten Verbesserung ihrer Schlafqualität im Vergleich zu einer Kontrollgruppe, die keine Meditation praktizierte.

Die Studie kann hier gefunden werden: The association between subchondral bone cysts and tibial cartilage volume and risk of joint replacement in people with knee osteoarthritis: a longitudinal study - PMC (nih.gov)

4. Selbstliebe und Selbstakzeptanz

Selbstliebe und Selbstakzeptanz sind grundlegende Aspekte eines gesunden und positiven Lebens. Sie sind von großer Bedeutung für unser Wohlbefinden, unsere mentale Gesundheit und unsere persönliche Entwicklung.

Viel zu oft vergleichen wir uns mit anderen oder gehen zu selbstkritisch mit uns um. Wir legen auch hohe Erwartungen an uns selbst und viele streben gar nach Perfektion. Dieser ständige Durch trägt viel dazu bei, ein negatives Selbstbild von uns selbst zu schaffen, das uns am freien Leben und auch am Glück hindert.

Wenn du dich nicht akzeptierst hinderst du deine Lebensenergie. Dies erfolgt schleichend und kann zu mentalen und sogar zu physischen Problemen führen. Fehler zu machen ist normal, sie sollten uns nicht daran hindern uns selbst zu nehmen, wie wir sind. Wir lernen und wachsen daraus.

Selbstliebe beinhaltet die sich selbst anzunehmen und sämtliche Stärken und Schwächen zu akzeptieren. Dabei geht es um unsere eigene Wertschätzung und Respekt uns selbst gegenüber. Dabei sollten wir uns mit Freundlichkeit und Mitgefühl behandeln. Wir können dadurch ein positives Selbstwertgefühl und ein gesundes Selbstvertrauen aufbauen

Wenn wir uns selbst lieben und akzeptieren, verbessert sich unsere Beziehung zu uns selbst und zu anderen. Wir können authentisch sein, unsere Individualität ausdrücken und uns in zwischenmenschlichen Beziehungen wohlfühlen. Selbstliebe und Selbstakzeptanz stärken auch unsere Resilienz und helfen uns, besser mit Stress und Schwierigkeiten umzugehen.

Es ist ein fortwährenden Prozess, der Achtsamkeit, Reflexion und Selbstfürsorge erfordert.

In den folgenden Abschnitten werden wir uns genauer mit der Bedeutung von Selbstliebe und Selbstakzeptanz in Bezug auf Persönlichkeitsentwicklung und Selbstverwirklichung sowie mit verschiedenen Techniken zur Steigerung des Selbstwertgefühls befassen.

4.1 Warum sind Selbstliebe und Selbstakzeptanz so wichtig?

Eine innige Beziehung mit sich selbst, geprägt von Selbstliebe und Selbstakzeptanz, ist für das persönliche Wohlbefinden, die eigene Entwicklung und das Glück unentbehrlich. Warum sind diese Aspekte so wichtig? Hier sind einige Gründe:

- Die Annahme und Liebe zu sich selbst schafft innere Ruhe und Zufriedenheit. Anstatt uns selbst herunterzumachen, lernen wir, uns selbst mit all unseren Stärken und Schwächen zu akzeptieren. Dadurch befreien wir uns von negativen Selbstzweifeln und entwickeln ein tiefes Gefühl der Zufriedenheit mit uns selbst.
- Eine liebevolle Beziehung zu sich selbst stärkt unser Selbstwertgefühl und Selbstvertrauen. Unabhängig von äußeren Standards oder Meinungen anderer erkennen wir unseren eigenen Wert an. Durch Selbstliebe können wir uns selbstbewusst ausdrücken, unsere Bedürfnisse wahren und mutige Entscheidungen treffen. Somit schaffen wir Vertrauen in uns selbst und unsere Fähigkeiten.
- Selbstliebe und Selbstakzeptanz sind entscheidend für unser persönliches Wachstum. Indem wir uns selbst annehmen und lieben, ermutigen wir uns, unser volles Potenzial zu entfalten und uns kontinuierlich weiterzuentwickeln. Wir akzeptieren unsere Stärken und Schwächen, betrachten Fehler als Lernmöglichkeiten und lassen uns auf neue Herausforderungen ein. Dies befähigt uns, ein erfülltes und selbstbestimmtes Leben zu führen.
- Eine liebevolle Beziehung zu sich selbst hat auch positive Auswirkungen auf unsere Beziehungen. Indem wir uns selbst lieben und akzeptieren, sind wir fähig, auch anderen bedingungslos Liebe und Akzeptanz entgegenzubringen. Wir fühlen uns in zwischenmenschlichen Beziehungen wohl, können authentisch sein und echte Verbindungen aufbauen. Dadurch entstehen gesunde und erfüllende

Beziehungen, die von gegenseitigem Respekt und Unterstützung geprägt sind.

- Selbstliebe und Selbstakzeptanz stärken unsere innere Resilienz und machen uns widerstandsfähiger gegenüber Stress und Herausforderungen. Wir entfalten eine positive Einstellung, können Rückschläge überwinden und uns selbst motivieren, auch in schwierigen Zeiten weiterzumachen. Diese Eigenschaften geben uns die innere Stärke, uns selbst aufzurichten und positiv auf schwierige Situationen zu reagieren.
- Eine bedingungslose Liebe und Akzeptanz zu sich selbst führen zu mehr Lebensfreude und Erfüllung. Wir lernen, die einfachen Freuden des Lebens zu schätzen, uns selbst Gutes zu tun und das Leben in vollen Zügen zu genießen. Dadurch verleihen wir unserem Alltag mehr Leichtigkeit, Freude und Dankbarkeit.

Selbstliebe und Selbstakzeptanz fundamentale Bestandteile für ein glückliches und erfülltes Leben. Wir lernen, uns selbst zu lieben, zu akzeptieren und unser volles Potenzial auszuschöpfen. Durch das Wertschätzen und Respektieren unserer selbst legen wir den Grundstein für ein positives Selbstbild, starke Beziehungen und persönliches Wachstum.

4.2 Persönlichkeitsentwicklung und Selbstverwirklichung

Persönlichkeitsentwicklung und Selbstverwirklichung sind zentrale Aspekte auf dem Weg zu einem erfüllten und glücklichen Leben. Durch bewusstes Wachstum und die Entfaltung unseres Potenzials können wir unsere persönlichen Ziele erreichen und eine tiefere Erfüllung im Alltag finden.

- Ein wichtiger Schritt auf diesem Weg ist die **Selbstreflexion**. Indem wir uns selbst ehrlich betrachten und unsere Stärken, Schwächen, Werte und Leidenschaften erkennen, legen wir den Grundstein für unsere persönliche Entwicklung. Dies ermöglicht es uns, unsere Ziele klarer zu definieren und unsere Handlungen darauf auszurichten.
- Ein weiterer wesentlicher Aspekt ist die **kontinuierliche Weiterbildung**. Indem wir offen für neues Wissen und neue Erfahrungen sind, erweitern wir unseren Horizont und entwickeln uns sowohl geistig als auch emotional weiter. Dies kann durch das Lesen inspirierender Bücher, das Besuchen von Seminaren oder das Lernen neuer Fähigkeiten erfolgen. Die Bereitschaft, sich immer weiterzuentwickeln, ermöglicht es uns, unsere Ziele zu erreichen und unsere Träume zu verwirklichen.
- Selbstverwirklichung beinhaltet auch die **bewusste Ausrichtung unserer Handlungen** und Entscheidungen auf das, was uns wirklich wichtig ist. Dies erfordert Klarheit über unsere Werte und Ziele im Leben. Indem wir uns auf das konzentrieren, was uns erfüllt und glücklich macht, können wir ein Leben gestalten, das unserer wahren Natur entspricht.
- Ein weiterer Schlüssel liegt in der **Überwindung von Ängsten** und dem Ausstieg aus der Komfortzone. Oftmals halten uns Ängste und Unsicherheiten davon ab, unser volles Potenzial auszuschöpfen. Indem wir uns mutig unseren Ängsten stellen und uns auf neue Erfahrungen einlassen, erweitern wir unseren Handlungsspielraum und entdecken neue Facetten unserer Persönlichkeit.

- Die Entwicklung eines **starken Selbstwertgefühls** spielt ebenfalls eine zentrale Rolle bei der Persönlichkeitsentwicklung. Indem wir uns selbst wertschätzen und anerkennen, wer wir sind, gewinnen wir das Vertrauen und die innere Stärke, um unsere Ziele zu verfolgen und uns selbst zu verwirklichen. Positive Affirmationen, Selbstmitgefühl und die bewusste Pflege unserer mentalen und körperlichen Gesundheit sind wichtige Techniken zur Steigerung des Selbstwertgefühls.
- Wie bereits beschrieben, können zu einem starken Selbstwertgefühl auch **positive Affirmationen, Selbstmitgefühl** und die bewusste Pflege unserer mentalen und körperlichen Gesundheit bei.

Persönlichkeitsentwicklung und Selbstverwirklichung sind jedoch keine einmaligen Ereignisse, sondern ein fortlaufender Prozess. Es erfordert Zeit, Engagement und die Bereitschaft, sich selbst immer wieder neu zu entdecken und weiterzuentwickeln. Durch diese kontinuierliche Arbeit an uns selbst können wir jedoch ein erfülltes Leben führen, das unseren wahren Wünschen und Bedürfnissen entspricht.

4.3 Techniken zur Steigerung des Selbstwertgefühls

Das Selbstwertgefühl spielt eine zentrale Rolle in unserem Leben, da es die Grundlage für unsere Handlungen, von den alltäglichen Aufgaben bis hin zu langfristigen Zielen, bildet. Jeder kennt Momente des Selbstzweifels, jedoch kann ein niedriges Selbstwertgefühl zu verschiedenen Herausforderungen führen. Es beeinflusst unser Wohlbefinden und kann sich in Unsicherheit, mangelnder Motivation, Schwierigkeiten bei der

Bewältigung von Herausforderungen, Ängsten oder Depressionen sowie negativen Gedanken und Gefühlen über unser Körperbild äußern. Daher ist es von großer Bedeutung, sich mit seinem Selbstwertgefühl auseinanderzusetzen und Wege zu finden, es zu stärken. In diesem Zusammenhang werden wir uns genauer damit beschäftigen, warum das Selbstwertgefühl so wichtig ist und wie es sich auf unser Leben auswirkt.

4.2.1 Tipps zur Steigerung deines Selbstwertgefühls:

- Eine wichtige Strategie zur Steigerung des Selbstwertgefühls besteht darin, **freundlich zu sich selbst zu sein**. Es ist entscheidend, auf die innere Stimme zu achten und negative Gedanken zu hinterfragen, insbesondere wenn Fehler passieren. Behandle dich selbst mit derselben Freundlichkeit und Wohlwollen, wie du es bei guten Freunden tun würdest. Obwohl dies anfangs eine Herausforderung sein kann, ist es von großer Bedeutung, kontinuierlich daran zu arbeiten, da es mit der Zeit einfacher wird.
- Ein weiterer Schritt zur Förderung eines gesunden Selbstwertgefühls besteht darin, **sich mit guten Freunden zu umgeben**. Wenn du das Gefühl hast, dass niemand in deinem Leben dich akzeptiert und respektiert, kann es schwierig sein, ein gesundes Selbstwertgefühl aufrechtzuerhalten. In solchen Situationen ist es wichtig, deine Komfortzone zu verlassen und aktiv neue Freundschaften zu knüpfen. Gehe auf Menschen zu, lerne neue Leute kennen und erhöhe dadurch die Wahrscheinlichkeit, dass du mentale und emotionale Unterstützung erfährst.

- Des Weiteren ist es von Bedeutung, **negative Beziehungen zu meiden**. Es ist wichtig, sich von Beziehungen fernzuhalten, die einen negativen Einfluss auf dich haben und dich herunterziehen. Dies können sogar Eltern sein, die dich ständig kritisieren, oder Freunde, die immer versuchen, dich zu verbessern. Wenn du dich ständig kritisiert fühlst oder Respektlosigkeit erfährst, ist es ratsam, dich von solchen Menschen zu distanzieren und stattdessen eine gesunde und unterstützende Umgebung aufzusuchen.
- Nimm dir regelmäßig Zeit für **Selbstfürsorge und Selbstreflexion**. Pflege deine körperliche Gesundheit, indem du dich ausgewogen ernährst, ausreichend schläfst und regelmäßig Sport treibst.
- Setze dir **realistische Ziele und feiere deine Erfolge**, egal wie klein sie auch sein mögen. Akzeptiere, dass Fehler zum Leben dazugehören und sie eine Gelegenheit bieten, zu lernen und zu wachsen.
- **Vermeide den Vergleich mit anderen** und konzentriere dich stattdessen darauf, deine eigenen Stärken und Talente zu erkennen und zu schätzen.

Integriere diese Tipps in dein alltägliches Leben und arbeite aktiv an deinem Selbstwertgefühl. Dies wird dich dabei unterstützen, dich selbst mehr zu akzeptieren und dich auch selbst zu lieben. Gib dir immer genügend Zeit und Geduld. Es wird sich langfristig positiv auf dein Wohlbefinden und auf deine Lebensqualität auswirken.

5. Die Herausforderungen eines positiven Mindsets

Ein positives Mindset zu entwickeln und aufrechtzuerhalten ist eine wertvolle Fähigkeit, die uns dabei hilft, das Beste aus unserem Leben zu machen. Wir können dadurch Herausforderungen optimistisch angehen und uns selbst motivieren.

Wir müssen uns darüber bewusst sein, dass Denkmuster und Überzeugungen oft sehr tief verwurzelt sind und bis in die Kindheit zurückgehen. Sie haben sich oft jahrelang in unserem Unterbewusstsein verankert und wir brauchen dazu eine bewusste Anstrengung und Achtsamkeit, sie zu erkennen und zu verändern.

Im Leben gibt es auch immer schwierige Zeiten. Es besteht aus Höhen und Tiefen und es ist manchmal schwierig positiv zu bleiben.

5.1 Wie man durch Rückschläge hindurch kommt

Rückschläge im Leben sind unvermeidlich und gehören zum Leben. Sie können in den verschiedensten Formen auftreten, wie beispielsweise das Ende einer Beziehung, berufliche Misserfolge, persönliche Enttäuschungen oder andere zwischenmenschliche Konflikte. Sie können eine große Herausforderung darstellen und unser Leben auf die Grundmauern erschüttern. Besonders schwierig, ist es dann positiv zu bleiben, da sie negative Gedanken und Selbstzweifel hervorrufen. Doch es gibt einige Strategien, die du anwenden kannst, in diesen Situationen wieder auf die Beine zu kommen und dein positives Mindset aufrechtzuerhalten.

Akzeptiere sie:

Lass dich nicht entmutigen und versuche, Dinge die schief laufen, die dich verletzen oder negativ beeinflussen zu akzeptieren. Sie sind ein Teil im Leben und wir müssen uns selbst erlauben, negative Emotionen zu haben. Sie können aus Trauer, Frustration, Wut, Angst oder Enttäuschen bestehen. Jeder Rückschlag kann die unterschiedlichsten Auswirkungen auf deine Gefühle haben, je nach Situation.

- Nach einer Trennung entstehen meist Traurigkeit, Einsamkeit oder Wut. Nimm dir genügend Zeit für dich selbst, praktiziere Selbstfürsorge und tausche dich mit vertrauten Freunden oder Familienmitgliedern aus.
- Wenn du deinen Arbeitsplatz verlierst, kann dein Leben von Sorgen und Zukunftsängsten geprägt sein. Doch es ist wichtig, sich dann bewusst zu machen, dass dies nicht unbedingt ein persönliches Versagen ist. Um weiter positiv zu bleiben, kannst du versuchen, dir Zeit für dich zu nehmen, Bewerbungen aktualisieren, berufliche Netzwerke nutzen oder dich gegebenenfalls weiterzubilden. Es gibt immer Auswege und du kannst sie nutzen um weiterhin auf einer positiven Linie zu bleiben.
- Eine ernsthafte Krankheit zu bekommen, kann Angst und Unsicherheit erzeugen. Auch hier ist es besonders wichtig, die eigenen Emotionen zu akzeptieren, aber dich trotzdem um deine Gesundheit zu kümmern. Nimm medizinische Unterstützung an und versuche emotionale Unterstützung von der Familie oder einem Therapeuten zu bekommen.

Im Allgemeinen ist nach Rückschlägen wichtig, deine Gefühle zu empfinden und sie auch auszudrücken. Verdränge sie nicht, sondern akzeptiere als Prozess der Genesung und des Umgangs mit der Situation. Du kannst ein Tagebuch schreiben oder dich an eine vertrauenswürdige Person wenden, sei es ein Freund oder auch Therapeut. Wenn du deine Emotionen anerkennst und akzeptierst, kannst du sie auch besser verarbeiten und deine Rückschläge überwinden.

Sorge gut für dich selbst. Achte auf deine Ernährung, regelmäßigen Schlaf und gib dir genügend Zeit zur Entspannung. Es wird dich körperlich und mental stärken.

Konzentriere dich bewusst auch auf das Gute im Leben und denke an vergangene Erfolge. Setze dir realistische Ziele und arbeite gezielt daran

Lass dich nicht von Selbstzweifeln bestimmen

Wenn deine positive Grundeinstellung durch einen Rückschlag erschüttert wird, ist es normal, dass Selbstzweifel auftreten können. Es ist mehr als menschlich, sich zu fragen, ob man wirklich auch gut genug ist oder war, ob man die richtige Entscheidung getroffen hat oder ob man überhaupt in der Lage ist, solche Situationen meistern zu können.

An sich selbst zu zweifeln, ist eine natürliche Reaktion, es sollte dich aber nie daran hindern, weiterzumachen und an die selbst zu glauben.

Reflektiere deine Gedanken und Gefühle und finde spezifische Zweifel heraus. Warum hast du sie und wann tauchen sie auf? Bist du nicht eventuell zu hart zu dir selbst? Gibt es bestimmte Erwartungen, die du erfüllen möchtest? Mach dir die Zweifel bewusst, schau woher sie kommen und du wirst besser mit Ihnen umgehen können, indem du sie rational hinterfragst und alternative Perspektiven einnimmst.

Stelle dir Fragen wie: "Welche Beweise gibt es für meine Zweifel?" oder "Könnte es auch andere plausible Erklärungen oder Interpretationen geben?" Indem du deine Selbstzweifel objektiv betrachtest und alternative Sichtweisen einbeziehst, kannst du einen realistischeren Blick auf deine Fähigkeiten und Möglichkeiten gewinnen.

Identifiziere das Gute in jeder Situation

Es ist natürlich nicht leicht, das Gute in jeder Situation zu erkennen. Doch selbst in den herausforderndsten Zeiten, gibt es einen Silberstreifen am Horizont, der darauf wartet, entdeckt zu werden. Erweitere deine Perspektive und suche bewusst nach positiven Aspekten. Dies wird die Situation in einem anderen Licht darstellen und du kannst das Beste aus unerwünschten Erfahrungen machen.

Eventuell hast du durch die Situation mehr freie Zeit zur Verfügung. Nutze sie, eine neue Fähigkeit zu lernen oder einen Online-Kurz zu belegen. Es gibt eine Vielzahl von Möglichkeiten, die dir helfen können, dich persönlich und beruflich weiterzuentwickeln. Konzentriere dich auf Wachstum und nutze deine Zeit sinnvoll, die auch aus Rückschlägen eine positive Veränderung in deinem Leben hervorrufen kann.

Um jedes Mal das Gute in verschiedenen Situationen zu sehen, musst du an dir arbeiten, üben und eine offene Haltung zeigen. Dies ist am Anfang vielleicht nicht so einfach, aber je mehr du dich darauf fokussierst, desto leichter wird es dir fallen, positive Aspekte zu finden. Wenn du deine Denkweise änderst, hat das nicht nur einen positiven geistigen Einfluss, sondern es motiviert dich dazu, weiterzumachen und nicht zurückzublicken.

Denk immer daran, dass du die Kontrolle über deine Gedanken und deine Wahrnehmung hast. Du alleine hast die Kraft, immer das Beste aus jeder Situation zu machen. Sei offen für jede neue Perspektive, übe dich in Dankbarkeit und lerne, das Gute in jeder Situation zu identifizieren. Dies hält dich geistig gesund und motiviert und du kannst gestärkt aus Herausforderungen hervorgehen.

5.2 Umgang mit negativen Menschen

Immer wieder begegnen wir Menschen, die uns nicht gut tun. Ihre Negativität und pessimistische Einstellung können unsere Stimmung, Energie und Motivation negativ beeinflussen. Es ist wichtig, sich von negativen Menschen zu distanzieren und uns in einer positiven Umgebung aufzuhalten.

In unserem Leben können wir mit Negativität und toxischem Verhalten konfrontiert werden, sei es am Arbeitsplatz, in der Familie oder in unseren Beziehungen. Es ist von Bedeutung, sich darüber im Klaren zu sein, wie wir mit solchen negativen Menschen umgehen können und wie wir unsere eigene Negativität erkennen und Grenzen setzen können, um uns zu schützen.

Tipps:

Es ist wichtig, **toxische Verhaltensweisen zu erkennen** und zu verstehen, dass sie nicht gesund sind. Giftige Menschen manipulieren andere und zeigen oft kein Mitgefühl für die Bedürfnisse und Rechte anderer. Achte auf Verhaltensweisen wie ständige Kritik, Schuldzuweisungen, Manipulation oder Abwertung.

Wenn du mit ihnen interagierst, dann setze **klare Grenzen**. Lasse nicht zu, dass sie dich emotional auslaugen oder manipulieren. Sei dir deiner eigenen Bedürfnisse bewusst und kommuniziere deutlich, wenn du dich unwohl fühlst oder etwas nicht akzeptierst.

Wenn möglich, **halte dich von negativen Menschen fern**. Verbringe weniger Zeit mit ihnen und suche nach positiven, unterstützenden Beziehungen. Manchmal ist es notwendig, die Beziehung zu beenden, wenn sie zu belastend und schädlich für dein eigenes Wohlbefinden ist.

Wir sollten uns auch mit unserer **eigenen Negativität** auseinandersetzen. Jeder von uns kann manchmal toxisch sein. Nimm dir Zeit für Selbstreflexion und arbeite an dir selbst. Konzentriere dich auf Selbstfürsorge und achte auf dein eigenes Wohlbefinden. Je mehr du dich um dich selbst kümmerst, desto besser kannst du mit negativen Menschen umgehen und deine eigene Positivität bewahren.

5.2.1 Wie erkenne ich negative Menschen?

Wichtig ist ebenso, diese Art von Menschen zu erkennen, die verschiedene Merkmale der Negativität aufweisen. Meist sind sie von einem Mangel an Empathie für ihr soziales Umfeld gekennzeichnet und können verschiedene Einstellungen aufweisen, die „giftig“ sind, wenn man andere Menschen dazu bringt, sich schlecht, ausgelaugt, frustriert oder deprimiert zu fühlen.

Egozentriker

Egozentrische Menschen sind immer auf sich selbst fixiert und verwenden ihr Ego als Maßstab. Wenn das Gespräch auf die Probleme einer anderen Person gelenkt wird, lenken sie es auf sich selbst und betonen, wie es sich auf ihr eigenes Leben auswirken könnte, selbst wenn es die andere Person betrifft. Sie hören anderen nie wirklich zu und interessieren sich nicht für deren Angelegenheiten. Es ist, als würde man mit einer gehörlosen Person sprechen oder jemandem, der nicht zuhören möchte und alles herunterspielt, was man sagt, solange es ihn nicht persönlich betrifft.

Pessimisten

Für Pessimisten geht immer alles schief und nichts läuft in die richtige Richtung. Ihr Leben scheint ständig von negativen Situationen geprägt zu sein, für die es scheinbar keine Lösung gibt. Sie betrachten Situationen immer aus einem negativen Blickwinkel und glauben, dass die Dinge nur zum Schlimmsten führen können. Pessimisten leben in einer Negativitätsspirale, in der Negativität anzieht. Dabei ist Vorsicht geboten, da diese Einstellung sich schnell auf andere übertragen kann.

Opfer

Eine Person im Opfermodus glaubt, dass die Welt gegen sie ist und dass die Situationen gegen sie arbeiten. Sie fühlen sich hilflos gegenüber dem Leben und den Ereignissen und beklagen sich ständig über ihr schlechtes vergangenes, gegenwärtiges und zukünftiges Leben. Durch diese Opferhaltung versuchen sie, andere für ihr Unglück verantwortlich zu machen oder sie dazu zu zwingen, ihnen im Namen der Freundschaft zu helfen. Dies löst bei anderen Menschen ständig ein schlechtes Gewissen aus, da sie glauben, dass alles immer die Schuld anderer ist, aber niemals ihre eigene Schuld.

Der Unsympathische

Die unsympathische oder unhöfliche Person hat keinerlei Einfühlungsvermögen und versteht nicht, wie ihre Wortwahl und Antworten andere verletzen können. Oft geht dies einher mit einer egozentrischen Einstellung, bei der der Person Empathie fehlt und sie sich nicht in die Lage anderer Menschen versetzen kann. Ihre Worte sind niemals ermutigend, und wenn sie um Rat gefragt wird, neigt sie dazu, sich über die Einstellung anderer zu einer bestimmten Situation zu beschweren.

Der Manipulator

Es gibt verschiedene Arten von Manipulation und unterschiedliche Schweregrade. Allen Manipulatoren ist gemeinsam, dass sie zutiefst egoistisch sind und andere manipulieren wollen, um ihre Ziele zu erreichen. Sie tun dies auf subtile und versteckte Weise, um sicherzustellen, dass die andere Person ihre wahren Absichten nicht erkennt. Oft versuchen sie, die andere Person auszunutzen, indem sie nach und nach ihr Selbstwertgefühl zerstören und eine Abhängigkeit schaffen, sodass die andere Person die wahre Realität der Situation nicht erkennen kann. Solche Menschen können besonders gefährlich sein, da sie psychischen Schaden bei den Menschen in ihrer Umgebung verursachen können.

Wie kann man mit giftigen Menschen umgehen oder sich von ihnen entfernen?

Giftige Menschen einzuschränken oder von ihnen Abstand zu nehmen, ist nicht so einfach, wie es sich anhört, denn sehr oft handelt es sich um Menschen, die wir lieben. Es ist wichtig zu lernen, toxische Verhaltensweisen zu erkennen und Abwehrstrategien umzusetzen, die uns helfen, nicht der Schwere dieser Einstellungen zu erliegen.

Schauen wir uns genauer an, wie man damit umgehen kann.

Wenn du auf eine negative, manipulative oder schikanierte Person triffst, kann das zu viel Stress und Verwirrung führen. In solchen Situationen ist es wichtig, dass du **über emotionale Intelligenz und kognitives Einfühlungsvermögen** verfügst, um damit umgehen zu können. Es ist entscheidend, dass du lernst, besser mit deinen eigenen Emotionen umzugehen und dich nicht zu sehr von ihnen mitreißen zu lassen. Dadurch verhinderst du, in die Muster zu verfallen, die von der toxischen Person eingeführt wurden. Kognitive Empathie spielt hierbei eine wichtige Rolle. Sie ermöglicht es dir, die Denkweise der Person besser zu verstehen, ohne dich von ihren Emotionen beeinflussen zu lassen. Das hilft dir dabei zu erkennen, was genau vor sich geht und welche Motivationen und Dynamiken hinter ihrem Verhalten stecken.

Ein weiterer wichtiger Aspekt ist **Durchsetzungsvermögen**. Negative Menschen versuchen oft, die Dinge zu verkomplizieren, zu streiten und die Realität zu manipulieren, um deine Aufmerksamkeit zu erregen. Es ist entscheidend, nicht auf ihre Provokationen einzugehen und nicht in den Konflikt einzusteigen, auch wenn sie versuchen, das Thema des Gesprächs zu ändern. Indem du zeigst, dass dir das, was für sie ein Problem darstellt, egal ist, kannst du das Gespräch auf eine rationalere und friedlichere Ebene bringen.

Wichtig ist auch, sich nicht in ihre negativen Einstellungen hineinziehen zu lassen, da diese ansteckend sein können. Lass dich nicht auf ihre Provokationen ein, bei denen sie versuchen werden, deine Fehler hervorzuheben, um dein Selbstwertgefühl zu mindern. Konzentriere dich stattdessen auf deine eigenen Überzeugungen und reagiere nicht mit Beleidigungen. Es ist oft so, dass der Angreifer selbst Probleme hat. Lass dich nicht von Schuldgefühlen überwältigen, sondern versuche, dem Opfer oder der pessimistischen Person zu erklären, wie die Dinge wirklich sind, und zeige, dass die Probleme, die sie sehen, nicht so negativ sind, wie sie scheinen.

Wenn es nicht möglich ist, die toxische Beziehung zu ändern, solltest du in Betracht ziehen, dich von **dieser Person zu**

entfernen. Das kann bedeuten, den Kontakt zu minimieren, bestimmte Beziehungen zu beenden oder dich in einer anderen Umgebung aufzuhalten. Diese Entscheidung sollte jedoch gut überlegt sein und von deinen individuellen Umständen abhängen.

Es liegt nicht in deiner Verantwortung liegt, negative Menschen zu verändern oder zu heilen. Jeder Mensch trägt die Verantwortung für sein eigenes Verhalten. Deine Hauptaufgabe besteht darin, deine eigenen Grenzen zu erkennen und zu schützen, um deine körperliche und seelische Gesundheit zu bewahren.

5.3 Umgang mit negativen Gedanken: Erkennen und Verändern negativer oder automatischer Gedanken

Im Alltag begegnen uns häufig negative Gedanken, die unser geistiges Wohlbefinden beeinflussen können. Automatische Gedanken sind dabei besonders herausfordernd, da sie uns scheinbar unkontrolliert überkommen und negative Emotionen auslösen. Doch es gibt Wege, die Kontrolle über diese Gedanken zurückzugewinnen und sie in positive Denkmuster umzuwandeln. In diesem Artikel werden wir uns näher mit automatischen Gedanken befassen, ihre Auswirkungen auf unsere Emotionen verstehen und Möglichkeiten kennenlernen, sie zu erkennen und zu verändern. Indem wir uns bewusst mit unseren Gedanken auseinandersetzen, können wir unsere Gefühle regulieren und zu einem positiveren Denkmuster gelangen.

Automatische Gedanken

Automatische Gedanken sind Gedanken, die uns spontan in den Sinn kommen, als Reaktion auf bestimmte Auslöser. Oftmals haben wir das Gefühl, die Kontrolle über unsere Gedanken zu verlieren, und diese automatischen Gedanken können Angst, Schuldgefühle und andere negative Emotionen in uns hervorrufen.

Es ist jedoch möglich, die Kontrolle zurückzugewinnen, indem wir unsere automatischen Gedanken erkennen und sie durch produktivere Denkmuster ersetzen. Automatische Gedanken sind im Grunde genommen negative Selbstgespräche, die unmittelbar als Reaktion auf einen Reiz auftauchen, ohne dass wir uns bewusst sind, dass wir einen Gedanken haben.

Sie sind oft irrational und schädlich für unser geistiges Wohlbefinden. Die Art dieser Gedanken kann von Person zu Person unterschiedlich sein und hängt normalerweise mit unseren Lebenserfahrungen zusammen. Sie können sich auf uns selbst und andere beziehen und sind eng mit unseren Ängsten und den Botschaften verbunden, die wir im Laufe der Zeit verinnerlicht haben.

Diese verinnerlichten Botschaften werden auch als Grundüberzeugungen bezeichnet. Obwohl jeder von uns eine individuelle Mischung davon hat, werden Sie möglicherweise überrascht sein, wie ähnlich sich die negativen automatischen Gedanken bei vielen Menschen sind.

Unsere Emotionen entstehen aus unseren eigenen Gedanken

Unsere Emotionen, sowohl positive als auch negative, entstehen aus unseren Gedanken. Sie entstehen nicht einfach aus dem Nichts, sondern als Reaktion auf unsere Interpretationen der Realität.

Negative automatische Gedanken können unangenehme Emotionen wie Angst, Traurigkeit, Frustration, Schuldgefühle, Wut oder ein Gefühl der Unwürdigkeit auslösen. Wenn wir beispielsweise automatisch denken, dass wir immer versagen, wenn wir eine neue Aufgabe erhalten, werden wir uns höchstwahrscheinlich deprimiert oder unwürdig fühlen.

Dies ist kein guter Zustand, um produktiv an einem Projekt zu arbeiten oder zur Arbeit zu gehen. Es ist normal, negative Emotionen zu erleben, aber wir sollten nicht zulassen, dass unsere automatischen Gedanken noch mehr Negativität verursachen.

Wenn wir uns nicht bewusst mit unseren automatischen Gedanken auseinandersetzen, können sie negative Gefühle erzeugen, die unser Verhalten beeinflussen und uns selbst schaden können. Daher ist es wichtig, an der Bewusstwerdung unserer negativen automatischen Gedanken zu arbeiten und Wege zu finden, um mit ihnen umzugehen.

Indem wir unsere Gedanken hinterfragen und in konstruktivere Denkmuster lenken, können wir unsere Emotionen regulieren.

5.3.1 Kognitive Verhaltenstherapie (CBT) und kognitive Umstrukturierung

Die kognitive Verhaltenstherapie (auch als CBT, cognitive behavior therapy, bekannt) ist eine Therapieform, die darauf abzielt, das psychische Wohlbefinden von Menschen zu verbessern, deren Gedanken ihr Leben negativ beeinflussen, wie zum Beispiel bei sozialen Ängsten oder Depressionen.

Durch die kognitive Verhaltenstherapie können wir lernen, destruktive Gedankenmuster zu erkennen. Das Ziel besteht darin, ein erstes Bewusstsein für negative Gedanken zu schaffen und dann zu lernen, die Gedankenmuster zu kontrollieren, damit sie weniger schädlich für unsere psychische Gesundheit sind und unser Leben weniger beeinträchtigen.

Ein wesentlicher Bestandteil der kognitiven Verhaltenstherapie ist die kognitive Umstrukturierung. Dabei werden problematische Denkmuster identifiziert, die zu negativen Gedanken führen, und Techniken erlernt, um sie zu verändern.

Es ist nicht immer einfach, Veränderungen vorzunehmen und Ungenauigkeiten zu erkennen, aber mit Übung und möglicherweise mit Unterstützung eines Therapeuten kann dies einen großen Nutzen für uns bringen, um positiver zu werden und zu bleiben.

Viele Menschen haben kognitive Verzerrungen in ihrer Wahrnehmung, die die Realität verzerren und zu Ängsten, Depressionen oder beziehungsschädigendem Verhalten führen können.

5.3.2 Beispiele für kognitive Verzerrungen:

Schwarz-Weiß-Denken, bei dem man nur in Extremen denkt und keine Grauzonen zulässt.

Beispiele:

- "Wenn ich nicht perfekt bin, bin ich ein totaler Versager."
- "Entweder ich schaffe es immer, alles richtig zu machen, oder ich bin völlig nutzlos."

Katastrophisieren, bei dem man negative Ereignisse übermäßig dramatisiert und ihre Auswirkungen überschätzt.

Beispiele:

- "Wenn ich diese Präsentation nicht perfekt hinbekomme, wird meine Karriere vollkommen ruiniert sein."
- "Wenn ich dieses Vorstellungsgespräch vermassle, werde ich nie einen Job finden."

Verallgemeinerung, bei der man basierend auf einem einzigen Ereignis oder einer einzelnen Erfahrung allgemeine Schlussfolgerungen zieht.

Beispiele:

- "Ich habe einmal in einer Beziehung betrogen, also werde ich immer ein untreuer Partner sein."
- "Ich wurde einmal abgelehnt, also werde ich für immer von allen abgelehnt werden."

Personalisierung, bei der man alles auf sich selbst bezieht und sich selbst die Schuld gibt, obwohl man keine Verantwortung trägt.

Beispiele:

- "Mein Freund ist gestresst, weil er einen schlechten Tag hat. Es muss an mir liegen, dass er sich so verhält."
- "Meine Kollegen haben keine Zeit, mit mir zu reden. Sie mögen mich bestimmt nicht."

5.3.4 Wie wird die kognitive Umstrukturierung der negativen Gedanken angewandt?

Die kognitive Umstrukturierung ermöglicht es, diese fehlerhaften Denkmuster zu erkennen, wenn sie auftreten, und sie in genauere und hilfreichere Gedanken umzuwandeln.

Die Grundidee dahinter ist, dass wenn wir unsere Sichtweise auf bestimmte Ereignisse oder Umstände ändern können, dies auch Auswirkungen auf unsere Gefühle und unser Verhalten haben kann.

Es gibt verschiedene Techniken der kognitiven Umstrukturierung, die angewendet werden können, um negative Gedankenmuster zu verändern. Es kann hilfreich sein, mit einem Therapeuten zusammenzuarbeiten, um die eigenen kognitiven Verzerrungen zu identifizieren und zu verstehen. Wir können versuchen irrationale oder ungenaue Aspekte unserer Gedanken zu erkennen zu hinterfragen.

Dies ermöglicht es uns, an der Modifizierung unserer Denkmuster zu arbeiten und sie in positive und realistischere Gedanken umzuwandeln.

Selbstüberwachung: Das Erkennen unproduktiver Gedankenmuster

Um unproduktive Gedankenmuster zu ändern, ist es wichtig, unsere eigenen Fehler zu erkennen. Dabei spielt die kognitive Umstrukturierung eine entscheidende Rolle, denn sie zielt darauf ab, negative Gedanken zu bemerken, die negative Gefühle und Stimmungen auslösen können.

Es ist auch hilfreich, zu beachten, wann und wo diese Gedanken auftreten. Manche Menschen sind in bestimmten Situationen anfälliger für kognitive Verzerrungen. Wenn wir diese Situationen kennen, können wir uns besser darauf vorbereiten.

Zum Beispiel könnte ein Student feststellen, dass er immer dann, wenn er unter Druck steht (vor einer Prüfung), dazu neigt, in katastrophalen Gedanken zu verfallen. Er denkt dann möglicherweise: "Ich werde diese Prüfung definitiv nicht bestehen und durchfallen. Jeder wird wissen, dass ich versagt habe."

Indem wir uns dieser Verletzlichkeit bewusst werden, können wir solche Gedanken erkennen und ändern, bevor sie uns überwältigen.

Das Führen eines Tagebuchs kann uns helfen, die Gedanken und Muster besser zu erkennen. Wenn wir unsere eigenen Gedanken überwachen, können wir verzerrte Denkmuster schneller bemerken.

Infragestellung der Annahmen: Hinterfragen der Gedanken

Ein weiterer wichtiger Teil der kognitiven Umstrukturierung besteht darin, die eigenen Gedanken und Annahmen zu hinterfragen, insbesondere solche, die ein produktives Leben behindern.

Die sogenannte „sokratische Fragetechnik“ ist besonders hilfreich, herauszufinden, wo und wie automatische Gedanken voreingenommen oder unlogisch sind.

- Einige Fragen, die man sich stellen kann, sind:
- Basieren diese Gedanken auf Emotionen oder Fakten?
- Welche Beweise gibt es dafür, dass dieser Gedanke wahr ist?

- Welche Beweise gibt es dafür, dass dieser Gedanke nicht wahr ist?
- Wie könnte man diesen Glauben überprüfen?
- Was ist das Schlimmste, was passieren könnte? Wie könnte man reagieren, wenn das Schlimmste eintritt?
- Gibt es alternative Interpretationen für diese Informationen?
- Handelt es sich wirklich um eine Schwarz-Weiß-Situation oder gibt es Grautöne?

Wenn man zum Beispiel dazu neigt, in katastrophisierendes Denken zu verfallen, können wir alle möglichen Ereignisse einer stressigen Situation auflisten und die Wahrscheinlichkeit hinterfragen, ob diese Situationen wirklich eintreten. So bekommen wir Aussichten auf andere Möglichkeiten, die nicht so drastisch sind, wie die befürchteten Katastrophen.

Evidenz sammeln: Auf der Suche nach Beweisen

Ein wichtiger Teil der kognitiven Umstrukturierung besteht darin, Beweise zu finden, die unsere Gedanken unterstützen oder widerlegen.

Eine Möglichkeit ist es, Ereignisse festzuhalten, die eine Reaktion in uns auslösen. Das beinhaltet auch die Menschen, mit denen wir zusammen waren und was wir getan haben. Wir können auch aufschreiben, wie stark unsere Reaktion war und welche Erinnerungen dadurch hervorgerufen wurden.

Es ist auch hilfreich, Beweise dafür oder dagegen zu sammeln, die unsere eigenen Gedanken, Annahmen und Überzeugungen betreffen. Manchmal sind unsere Gedanken verzerrt oder ungenau, aber sie können tief verwurzelt sein. Um diese Gedanken zu ändern, benötigen wir Beweise, die zeigen, wie vernünftig oder irrational sie sind.

Wir können Fakten auflisten, die unsere Überzeugungen unterstützen, und diese Liste dann mit Fakten vergleichen, die zeigen, dass unsere Überzeugungen verzerrt oder einfach falsch sind.

Ein Beispiel dafür ist, wenn wir dazu neigen, das Verhalten anderer Menschen auf uns selbst zu beziehen und uns selbst die Schuld für Dinge geben, die eigentlich nicht unsere Schuld sind. In solchen Situationen könnte es hilfreich sein, Beweise zu betrachten, die zeigen, dass die Handlungen anderer Menschen überhaupt nichts mit uns zu tun haben.

Indem wir nach Beweisen suchen, können wir unsere Gedanken und Überzeugungen rationaler betrachten und möglicherweise feststellen, dass unsere Sichtweise nicht immer der Realität entspricht.

Durchführung einer Kosten-Nutzen-Analyse: Vor- und Nachteile abwägen

Bei dieser Strategie betrachtet man die Vor- und Nachteile der Aufrechterhaltung einer bestimmten kognitiven Verzerrung.

Man kann sich fragen:

- Was gewinnt man davon, sich selbst abwertend zu bezeichnen?
- Was kostet dieses Denkmuster emotional und praktisch?
- Was sind die langfristigen Auswirkungen?
- Wie beeinflusst dieses Denkmuster die Menschen um einen herum?
- Wie fördert oder begrenzt es die eigene Arbeitsleistung?

Wenn du dir dann die Vor-und Nachteile nebeneinander gestellt anschaust, kannst du dich am besten entscheiden, ob es sich lohnt, das Gedankenmuster zu ändern.

Negative Gedanken zu ändern erfordert Zeit, Geduld und viel Übung

Das Erkennen gedanklicher Verzerrungen, die wir auch als negative Gedanken bezeichnen können, ist keine einfache Aufgabe. Es erfordert Zeit, Übung und Geduld, um diese Muster zu erkennen und zu verändern. Oftmals sind wir uns unserer eigenen Gedankenmuster nicht bewusst, da sie automatisch und unbewusst ablaufen.

Es ist hilfreich, ein Tagebuch zu führen oder regelmäßig innezuhalten und über unsere Gedanken und Gefühle nachzudenken. So können wir allmählich erkennen, wo und welche negativen Gedankenmuster auftreten. Durch das Infragestellen dieser Muster und Gedanken können wir Alternativen finden.

Es kann sehr hilfreich sein, sich dafür Unterstützung zu holen, sei es von vertrauten Personen oder einem Therapeuten. Ein Therapeut kann uns besonders dabei helfen, bewährte Techniken anzuwenden.

Letztendlich ist es wichtig, geduldig mit uns selbst zu sein und uns Zeit zu geben.

5.4 Wie man durch schwierige Zeiten geht

In schwierigen Zeiten kann das Leben eine Vielzahl von Herausforderungen und Belastungen mit sich bringen. Ob es sich um persönliche Krisen, gesellschaftliche Umbrüche, finanzielle Schwierigkeiten oder gesundheitliche Probleme handelt, diese Phasen können uns emotional, mental und körperlich stark beanspruchen. In solchen Momenten können wir uns verloren, ängstlich oder hoffnungslos fühlen. Es ist wichtig zu verstehen, dass schwierige Zeiten ein natürlicher Bestandteil des Lebens sind und dass jeder von uns sie irgendwann durchmacht.

Während schwierige Zeiten zweifellos eine Herausforderung darstellen, ist es möglich, sie zu überwinden und gestärkt daraus hervorzugehen. Jeder Mensch hat eine innere Stärke und Widerstandsfähigkeit, die es ihm ermöglicht, mit diesen Herausforderungen umzugehen. Es geht darum, verschiedene Strategien und Werkzeuge zu entwickeln, um durch diese schwierigen Phasen zu navigieren.

5.4.1 Hilfreiche Tipps in schwierigen Zeiten positiv zu bleiben

- Um in schwierigen Zeiten positiv zu bleiben, ist es wichtig, dass du dich an die Dinge erinnerst, für die du **dankbar** sein musst. Auch wenn du gerade Probleme hast und berechtigte Sorgen dich belasten, konzentriere dich darauf, eine Liste von Dingen zu erstellen, für die du dankbar bist. Das können deine Familie und Freunde sein, das Dach über deinem Kopf, das Essen auf deinem Tisch oder einfach die Tatsache, dass du am Leben bist und das Leben genießen kannst, während andere weniger haben. Wenn du bewusst über all das nachdenkst, wirst du positive Gefühle hervorrufen.
- Zusätzlich zur Dankbarkeit ist es wichtig, dass du **mit deinen Lieben in Verbindung** bleibst. Es kann leicht passieren, dass du dich in schwierigen Zeiten von anderen Menschen distanzierst, aber das ist ein Fehler und kann die Situation nur noch verschlimmern. Suche nach Möglichkeiten, mit denen du mit den Menschen, die du liebst, in Kontakt bleiben kannst. Nutze

Technologien wie Videoanrufe, um Gesichter zu sehen und Stimmen zu hören, die dir Freude bereiten.

- Jeden Tag solltest du dich an eine gute Sache erinnern, die dir passiert ist oder die du genossen hast. Konzentriere dich auf **die kleinen Freuden** des Lebens. Es kann etwas so Einfaches sein wie das Genießen eines Getränks, das Betrachten eines schönen Sonnenuntergangs oder das Gespräch mit einem geliebten Menschen. Indem du dich an diese Dinge erinnerst und dankbar dafür bist, kannst du jeden Tag einen kleinen Funken Positivität erleben.
- Versuche, **Dinge** zu finden, **auf die du dich freuen** kannst, egal wie klein sie auch sein mögen. Das können Pläne für das Abendessen an diesem Abend, das Anschauen deiner Lieblingssendung am Wochenende, ein bevorstehender Tag mit der Familie oder ein geplanter Urlaub in ein paar Monaten sein. Indem du regelmäßig positive Ereignisse in Aussicht stellst, verhinderst du, dass du dich in der Negativität verfängst. Denke darüber nach, wie aufregend es sein wird, diese Aktivitäten zu erleben, und fokussiere dich auf die Vorfreude.
- Suche nach **spannenden Hobbys,** die dich ablenken und entspannen. Finde Interessen, die dir Spaß machen und denen du nachgehen kannst. Das kann Sport, Kunst, Musik, Handwerk oder Freiwilligenarbeit sein. Indem du dich in etwas vertiefst, das dich glücklich macht, kannst du dem Stress entkommen, klarer denken und eine neue Perspektive gewinnen.
- **Verfalle nicht dem negativen Denken**. Manchmal können wir unsere eigenen schlimmsten Feinde sein, indem wir uns ständig mit negativen Gedanken

beschäftigen und nach mehr Negativität suchen. Vermeide es, ständig die Nachrichten zu verfolgen oder Inhalte zu konsumieren, die dich verärgern könnten. Konzentriere dich stattdessen auf die schönen Dinge in deinem Leben, auf deine Lieben und auf das Gute, das du für andere tun kannst. Achte auf deine inneren Dialoge und versuche, positive Selbstgespräche zu führen. Ermutige dich selbst und erinnere dich daran, dass du stark und fähig bist, die Herausforderungen zu meistern.

- **Denke über deinen Lebenszweck nach.** Menschen sehnen sich nach Sinn und Wert. Frage dich, was dein Zweck im Leben ist, was deinem Leben Sinn und Wert verleiht. Das kann deine Familie, deine Gemeinschaft oder dein Glaube sein. Indem du deinen Sinn entdeckst, kannst du eine sinnvolle Richtung für dein Leben finden.
- **Erstelle einen Plan und Aufgaben für jeden Tag**. Wenn du in schwierigen Zeiten nichts zu tun hast oder keinen konkreten Plan hast, neigst du dazu, in negative Gedanken und Handlungen abzudriften. Setze dir tägliche Ziele und erstelle eine Liste mit Aufgaben, die du erledigen möchtest. Dadurch behältst du die Kontrolle über deinen Tag, bleibst beschäftigt und hast das Gefühl, dass du jeden Tag etwas erreicht hast.
- Achte darauf, **dich selbst zu pflegen** und gut für dich zu sorgen. Das beinhaltet ausreichend Schlaf, gesunde Ernährung, regelmäßige Bewegung und Zeit für Entspannung oder Meditation.
- Habe keine Scheu davor, um **Hilfe und Unterstützung zu bitten**, wenn du sie brauchst. Vertrauenswürdige Freunde oder Familienmitglieder sind immer hilfreich, wenn du dich in einer schwierigen Zeit befindest.

- Es ist auch wichtig außerhalb des engen Freundes-oder Familienkreis nach **Unterstützung in der Gemeinschaft** zu suchen, sei es in Online-Gruppen, Selbsthilfegruppen oder gemeinnützige Organisationen.
- Es ist völlig normal, in schwierigen Zeiten negative Emotionen wie Angst, Trauer oder Frustration zu empfinden. Es ist wichtig, diese **Gefühle zuzulassen und sie als Teil des menschlichen Erlebens zu akzeptieren**. Indem du sie anerkennst, kannst du besser mit ihnen umgehen. Vermeide jedoch, dich von ihnen komplett vereinnahmen zu lassen. Wenn du dich selbst erlaubst, diese Gefühle zu erfahren und anzunehmen, kannst du den Weg der Heilung einschlagen und dich auf eine positivere Zukunft ausrichten.
- Veränderung und Heilung brauchen Zeit**. Sei geduldig mit dir selbst** und erlaube dir, Fehler zu machen oder Rückschläge zu erleben. Gib dir selbst Raum, um zu wachsen und lerne aus den Herausforderungen, die du überwinden musst.

Wenn du dich an diese Tipps hältst, kannst du in schwierigen Zeiten positiv bleiben und eine optimistische Einstellung bewahren. Denke daran, dass jeder Mensch anders ist und verschiedene Strategien möglicherweise unterschiedlich wirksam sind. Experimentiere mit den vorgeschlagenen Tipps und finde heraus, was für dich am besten funktioniert. Schwierige Zeiten können auch Möglichkeiten für persönliches Wachstum und Stärke bieten, daher sei geduldig und habe Vertrauen in dich selbst.

Denke auch daran, dass du die Wahl hast, wie du auf Herausforderungen reagierst, und suche nach den guten Dingen in deinem Leben, um positive Gefühle zu fördern.

5.4.2 Anwendung der Tipps - Beispiele

Wenn du finanzielle Probleme hast, konzentriere dich auf Dankbarkeit und erkenne die Dinge an, für die du trotzdem dankbar sein kannst, wie ein unterstützendes soziales Netzwerk oder die Möglichkeit, Kreativität und Spaß ohne große Kosten zu erleben.

In Zeiten der Einsamkeit und sozialen Isolation halte Verbindung zu lieben Menschen, indem du regelmäßige Videoanrufe nutzt und virtuelle Treffen mit Freunden und Familie planst, um dich emotional unterstützt zu fühlen.

Wenn du den Verlust eines geliebten Menschen erlebst, konzentriere dich auf die kleinen Freuden des Lebens, ehre schöne Erinnerungen und nimm dir Zeit für Aktivitäten, die dir Freude bereiten, um Trauer mit positiven Emotionen auszubalancieren.

Bei Unsicherheit in Zeiten des Wandels finde Vorfreude auf kommende Ereignisse, plane kleine Aktivitäten oder Ereignisse, auf die du dich freuen kannst, wie ein Wochenendausflug oder das Erlernen einer neuen Fähigkeit, um positiv in die Zukunft zu schauen und die Unsicherheit besser bewältigen zu können.

In schwierigen Zeiten wie Jobverlust, gesundheitlichen Problemen oder Beziehungskonflikten können Hobbys, Selbstpflege, externe Unterstützung in der Gemeinschaft sowie die Erstellung eines Plans und die Setzung von täglichen Zielen helfen, positive Energien zu fördern, Stress abzubauen und positive Veränderungen anzustreben.

Diese Beispiele zeigen, wie man die vorgeschlagenen Tipps anwenden kann, um in schwierigen Zeiten positiv zu bleiben. Denke daran, dass jeder Mensch einzigartig ist und individuelle

Strategien finden kann, die am besten zu seiner Situation passen.

6. Die Umsetzung des positiven Denkens im Alltag

Die Umsetzung des positiven Denkens im Alltag ist von großer Bedeutung, um ein optimistisches und erfülltes Leben zu führen. Es geht darum, bewusst positive Gedanken zu fördern und negative Denkmuster zu überwinden. Dies kann durch die Entwicklung positiver Gewohnheiten erreicht werden. Indem wir regelmäßig positive Praktiken wie Dankbarkeit, positive Affirmationen, körperliche Aktivität und andere inspirierende Aktivitäten in unseren Alltag integrieren, stärken wir unser positives Mindset und schaffen eine optimistische Denkweise, die uns in allen Lebensbereichen unterstützt.

Die Etablierung positiver Gewohnheiten ist von großer Bedeutung, um ein positives Mindset zu entwickeln und aufrechtzuerhalten. Diese Gewohnheiten haben eine transformative Wirkung auf unsere Gedanken, Gefühle und unser Verhalten und können uns dabei helfen, ein erfülltes und glückliches Leben zu führen. Sie sind ein Fundament, die Basis und können unser Selbstvertrauen verbessern.

Dadurch sind wir in Lage Veränderungen im Leben vorzunehmen und unser Leben in eine positive Richtung zu lenken. Dies ermöglicht uns, unsere Ziele zu erreichen.

Zusätzlich fördern positive Gewohnheiten Selbstdisziplin. Wenn wir uns darauf konzentrieren, diese Gewohnheiten beizubehalten, üben wir uns in Disziplin und Durchhaltevermögen. Dies ist entscheidend, um auch in anderen

Bereichen unseres Lebens auf Kurs zu bleiben und langfristige Ziele zu verfolgen. Wir trainieren unsere Willenskraft und können so Rückschlägen vorbeugen.

Positive Gewohnheiten sind eng mit unserem Wohlbefinden verbunden. Regelmäßige körperliche Aktivität, eine gesunde Ernährung, ausreichend Schlaf und Achtsamkeitsübungen in unseren Alltag einzubauen beeinflusst uns positiv und trägt zu unserem Wohlbefinden bei. Wir können Stress abbauen und entspannen und eine optimistischere Lebenseinstellung entwickeln.

6.1 Negative Gewohnheiten loswerden

„Wir sind, was wir wiederholt tun. Exzellenz ist also keine Handlung, sondern eine Gewohnheit." – Aristoteles

Um positive Gewohnheiten zu entwickeln, die uns im Leben voranbringen und uns helfen, in schwierigen Zeiten standhaft und optimistisch zu bleiben, ist es wichtig zu verstehen, wie Gewohnheiten entstehen.

Viele Menschen haben den Wunsch, ihr Leben zu verbessern, doch Untersuchungen zeigen, dass nur etwa acht Prozent tatsächlich ihr Ziel erreichen. Es reicht nicht aus, einfach nur eine Verbesserung anzustreben, um dauerhafte Veränderungen in unseren Gewohnheiten zu erzielen.

Um den Weg zu positiven Gewohnheiten zu ebnen, ist es wichtig, das Entstehen von schlechten Gewohnheiten zu verstehen, ihre Beharrlichkeit anzuerkennen und Wege zu finden, um mit den unumgänglichen Herausforderungen umzugehen.

Unser Gehirn verfügt über einen intelligenten Mechanismus, Muster in unserer Umgebung zu erkennen und merkt sich, wie wir in der Vergangenheit auf diese Muster reagiert haben. Dieser Mechanismus wird als "Gewohnheitsschleife" bezeichnet und besteht aus einem Auslöser, einem Verlangen, einer Reaktion und einer Belohnung.

6.2 Das grundlegende Muster einer Gewohnheit

Das grundlegende Muster jeder Gewohnheit besteht aus vier Schritten, die in derselben Reihenfolge ablaufen.

Zuerst haben wir den Auslöser. Er ist ein Hinweis, der Ihr Gehirn dazu veranlasst, eine bestimmte Handlung auszuführen. Früher achteten unsere Vorfahren auf Hinweise, die primäre Belohnungen wie Nahrung, Wasser oder Sex signalisierten. Heutzutage reagieren wir auf Hinweise, die sekundäre Belohnungen wie Geld, Ruhm, Macht, Lob, Liebe oder persönliche Zufriedenheit vorhersagen. Unser Gehirn sucht ständig nach Hinweisen auf Belohnungen in unserer Umgebung.

Der Auslöser führt dann zu einem Verlangen. Das Verlangen ist die motivierende Kraft hinter der Gewohnheit. Ohne Verlangen gibt es keinen Anreiz, etwas zu tun. Was wir eigentlich wollen, ist nicht die Gewohnheit selbst, sondern die Veränderung, die sie mit sich bringt. Wir sehnen uns nach dem Gefühl der Erleichterung, das eine Zigarette verschafft, oder dem frischen Gefühl nach dem Zähneputzen. Das Verlangen ist individuell und hängt von den Gedanken, Gefühlen und Emotionen einer Person ab.

Der dritte Schritt ist die Reaktion. Die Reaktion ist die eigentliche Gewohnheit, die wir ausführen, sei es ein Gedanke oder eine Handlung. Ob wir die Reaktion ausführen, hängt von unserem Verlangen und der Leichtigkeit oder Schwierigkeit der Handlung ab. Wenn eine Handlung zu anstrengend ist oder wir nicht die Fähigkeiten dazu haben, werden wir sie nicht ausführen.

Schließlich gibt es die Belohnung. Die Belohnung ist das Endziel der Gewohnheit. Durch den Auslöser wird die Belohnung wahrgenommen, das Verlangen wird gestillt und die Reaktion liefert die Belohnung. Belohnungen erfüllen zwei Zwecke: Sie befriedigen uns unmittelbar und sie lehren uns, welche Handlungen es wert sind, in Erinnerung zu bleiben.

Belohnungen stillen unser Verlangen, sei es durch Nahrung, Anerkennung oder andere Vorteile. Sie bringen vorübergehende Zufriedenheit und Linderung. Gleichzeitig helfen uns Belohnungen, nützliche von nutzlosen Handlungen zu unterscheiden und dienen als Feedback-Mechanismus für unser Gehirn.

Wenn einer der vier Schritte unzureichend ist, wird die Gewohnheit nicht entstehen oder sich nicht wiederholen. Ohne den Auslöser, das Verlangen, die Reaktion und die Belohnung bleibt die Gewohnheit unvollständig. Es ist wichtig, dass alle vier Schritte vorhanden sind, um eine Gewohnheit zu etablieren und aufrechtzuerhalten.

Beispiele:

Problemphase		Lösungsphase	
Stichwort	Verlangen	Antwort	Belohnung
Der Wecker klingelt.	Du willst aufstehen und den Wecker ausschalten.	Du stehst auf und schaltest den Wecker aus.	Du befriedigst dein Verlangen nach Ruhe, indem du den Wecker ausschaltest.
Du hast Durst.	Du möchtest deinen Durst löschen.	Du gehst zur Küche und trinkst ein Glas Wasser.	Du stillst dein Verlangen nach Flüssigkeit, indem du ein Glas Wasser trinkst.
Du fühlst dich gestresst.	Du möchtest dich entspannen und Stress abbauen.	Du nimmst dir eine kurze Auszeit und atmest tief durch.	Du befriedigst dein Verlangen nach Entspannung, indem du eine kurze Pause einlegst und tief ein- und ausatmest.
Du hast Hunger.	Du willst deinen Hunger stillen.	Du bereitest dir eine Mahlzeit zu und isst.	Du befriedigst dein Verlangen nach Nahrung, indem du eine Mahlzeit zubereitest und isst.

Dieser kontinuierliche Prozess besteht nicht aus isolierten Ereignissen, sondern stellt vielmehr eine unaufhörliche Feedbackschleife dar, die in jedem Augenblick unseres Lebens aktiv ist - sogar in diesem Moment. Unser Gehirn durchsucht konstant unsere Umgebung, prognostiziert, was als Nächstes geschehen wird, testet verschiedene Reaktionen und lernt aus den Ergebnissen. Dieser gesamte Ablauf vollzieht sich in Bruchteilen von Sekunden und wird von uns immer wieder verwendet, ohne dass uns bewusst ist, wie viel im vorherigen Moment bereits stattgefunden hat. So werden Gewohnheiten immer produziert, ohne dass wir es merken.

Deswegen ist es wichtig dies zu verstehen, damit wir in der Lage sind, neue positive Gewohnheiten zu etablieren.

6.2.1 Die Gewohnheitsschleife

Die Gewohnheitsschleife funktioniert so effizient, dass wir einen Großteil unserer Zeit damit verbringen, automatisch Dinge zu tun, ohne bewusst darüber nachzudenken. Schlechte Gewohnheiten sind hartnäckig, da unser Verstand eine Verbindung zwischen dem Auslöser und der Reaktion herstellt und diese Verbindung durch die Belohnung verstärkt wird. Es ist schwierig, diese Verbindung zu ändern. Zwar kann Willenskraft vorübergehend helfen, eine Gewohnheit zu überwinden, aber sie durchbricht die Gewohnheitsschleife nicht langfristig.

Doch positive Gewohnheiten können genauso widerstandfähig sein, wie die schlechten. Wir können unsere Denkweise bewusst beeinflussen und neue, verbesserte Gewohnheiten annehmen und alte ersetzen. So werden auch diese neuen Gewohnheiten automatisch und überschreiben langsam die alten Muster. Doch dazu müssen bewusst umdenken und Entscheidungen treffen, um diese positiven Gewohnheiten zu etablieren.

Hier sind vier Möglichkeiten, wie du diese schlechten Gewohnheiten endgültig aufgeben kannst:

Identifiziere die Auslöser: Achte auf die Situationen oder Emotionen, die dazu führen, dass du zu ungesunden Gewohnheiten greifst. Indem du diese Auslöser erkennst, kannst du bewusster darauf reagieren und alternative Verhaltensweisen entwickeln.

Verändere deine Umgebung: Gestalte deine Umgebung so, dass es einfacher wird, gute Gewohnheiten zu etablieren und schlechte Gewohnheiten zu vermeiden. Entferne beispielsweise ungesunde Snacks aus der Reichweite oder lege Sportkleidung bereit, um dich zur Bewegung zu motivieren.

Setze klare Ziele: Definiere klare und realistische Ziele, die du erreichen möchtest. Konzentriere dich auf den langfristigen Nutzen gesunder Gewohnheiten und belohne dich selbst für kleine Fortschritte auf dem Weg dorthin.

Suche Unterstützung: Teile deine Ziele und Herausforderungen mit anderen. Suche nach einer Unterstützungsgruppe oder finde einen Unterstützungspartner, der dich auf dem Weg zur Veränderung begleitet und motiviert.

6.2.2 Weitere Strategien zur Schaffung positiver Veränderungen:

Nun wissen wir, wie Gewohnheiten entstehen und dass sie auch wieder verlernt werden können. Um positive Veränderungen in deinem Leben herbeizuführen, kannst du außerdem folgende Strategien anwenden:

Lass dich auf die Veränderung ein und sei bereit dafür

Du solltest den Wert und die Bedeutung einer positiven Einstellung und neuer Gewohnheiten bewusst erkennen. Finde Gründe, warum du Veränderungen anstrebst, wie beispielsweise den Wunsch, optimistischer und positiver zu werden, besser mit anderen auszukommen oder die Kontrolle über deine Gedanken und dein Verhalten zu haben. Dies erfordert Zeit, Anstrengung und Engagement.

Konzentriere dich auf das Positive

Versuche stets, die positiven Eigenschaften in dir selbst, anderen Menschen und jeder Situation zu erkennen. Widerlege negative Gedanken und Überzeugungen mit kritischem Denken und suche nach kreativen Lösungen. Fokussiere dich darauf, was du aus einer Situation lernen kannst und wie du sie in Zukunft besser bewältigen kannst.

Setze konkrete Ziele

Die Ziele, die du erreichen möchtest, müssen klar und spezifisch definiert sein. Allgemeine Aussagen wie "Ich wünschte, ich könnte bessere Noten bekommen" helfen dir nicht dabei, deine Gewohnheiten zu ändern. Formuliere dein Ziel besser konkret, beispielsweise: "Ich werde nun zweimal täglich 40 Minuten lang in den Fächern, in denen ich nicht gut bin, lernen." Dadurch kannst du deine Fortschritte richtig messen und bewerten.

Ändere vorerst nur eine Gewohnheit

Versuche nicht, zu viele Dinge gleichzeitig zu ändern, da dies oft scheitert und frustrierend sein kann. Konzentriere dich auf eine

Gewohnheit, die du ändern möchtest, und bleib dabei, bis sie zur Routine geworden ist. Erst dann kannst du mit der nächsten Gewohnheit weitermachen.

Fange klein an

Eine Reise beginnt immer mit dem ersten Schritt, und das gilt auch hier. Die Schritte sollten klein und konsequent sein, um zu großen Ergebnissen zu führen. Beginne am besten mit kleinen Veränderungen und steigere dich nach und nach. Statt gleich einen umfangreichen Trainingsplan zur körperlichen Veränderung zu erstellen, fange mit kleinen Schritten an. Gehe beispielsweise zu Fuß zur Arbeit oder mache in der Mittagspause einen Spaziergang. Selbst kleine Veränderungen, so unscheinbar sie auch sein mögen, führen, wenn sie kontinuierlich umgesetzt werden, zu großartigen positiven Ergebnissen.

Setze Visualisierungen und positive Bestätigungen ein

Stelle dir vor, wie du Schritt für Schritt deine gewünschten Ziele erreichst. Visualisiere dich dabei, wie du deine Aufgaben erfolgreich bewältigst. Bestätige dir selbst positive Aussagen, um deinen Erfolg zu unterstützen. Beispielsweise visualisiere, wie du konzentriert lernst und erfolgreich deine Aufgaben erledigst.

Beobachte erfolgreiche Menschen

Schau dir erfolgreiche Menschen an und beobachte, wie sie denken, handeln und sich verhalten. Sieh dir an, welche Gewohnheiten und Verhaltensweisen zu ihrem Erfolg beitragen. Versuche von ihnen zu lernen und ihr Verhalten nachzuahmen, bis es für dich angenehm und natürlich wird. Es kann hilfreich sein, sich mit anderen motivierten und effektiven Lernenden zusammenzutun und eine Lerngruppe zu bilden, um euch gegenseitig zu unterstützen. Durch das Beobachten und Lernen von anderen kannst du wertvolle Einblicke gewinnen und neue Wege entdecken, um deine eigenen Ziele zu erreichen.

Achte bewusst auf dein Verhalten!

Nimm dir bewusst Zeit, um dein Verhalten zu beobachten, und reflektiere darüber, wie du erfolgreicher sein kannst. Achte auf deine Gedanken, Emotionen und Handlungen in verschiedenen Situationen. Frage dich, welche Gewohnheiten und Verhaltensweisen dir helfen, positive Ergebnisse zu erzielen, und welche dich daran hindern. Identifiziere Muster und Trends, um ein besseres Verständnis deiner eigenen Stärken und Schwächen zu entwickeln.

Belohne dich

Nachdem du positive Veränderungen erreicht hast, sei großzügig zu dir selbst und gewähre dir eine wohlverdiente Belohnung. Nutze gezielte Anreize, um deine Fortschritte zu honorieren und deine Motivation aufrechtzuerhalten. Nachdem du ein bestimmtes Ziel erreicht hast, erlaube dir beispielsweise einen kleinen Spaziergang im Park zu machen oder dir etwas Leckeres zu gönnen. Belohnungen sollten zeitlich begrenzt sein und direkt nach dem Erreichen der Ergebnisse erfolgen.

Sei geduldig und beharrlich

Dauerhafte Veränderungen erfordern kontinuierliches Verhalten über einen längeren Zeitraum. Es ist wichtig, geduldig zu sein und nicht aufzugeben, wenn du nicht sofort umfassende Veränderungen feststellst. Gib dir genügend Zeit, um deine Ziele zu erreichen, und bleibe auf Kurs, auch wenn es Rückschläge gibt. Veränderungen brauchen Zeit, um zur Gewohnheit zu werden.

6.2.4 Gewohnheit ändern – praktisches Beispiel

Denk daran: Der Schlüssel zur Entwicklung neuer Gewohnheiten besteht darin, nicht nur klein anzufangen, sondern auch die Gewohnheit schrittweise zu steigern.

Es ist wichtig, deine Gewohnheit schrittweise zu steigern, ohne jedoch deine "alltäglichen" Gewohnheiten zu ändern, es sei denn, es passt in deinen Zeitplan.

Angenommen, dein Ziel ist es, an drei Tagen in der Woche eine Stunde lang zu laufen. Das bedeutet, dass du dir jede Woche an diesen Tagen eine Stunde Zeit nehmen solltest, um deine kleine Gewohnheit aufrechtzuerhalten. Du läufst immer noch nur eine Minute pro Tag, aber du solltest dies schrittweise steigern, um an deinen "Lauf-Tagen" mehr zu laufen.

Wie sieht das in der Praxis aus?

In der ersten Woche läufst du jeden Tag eine Minute. In der nächsten Woche steigerst du dich auf zwei Minuten pro Tag, jedoch nur an den Tagen Montag, Mittwoch und Freitag. An den anderen Tagen läufst du weiterhin nur eine Minute. Auf diese Weise erweiterst du dein Laufprogramm auf drei Tage pro Woche, während du die Gewohnheit, jeden Tag eine Minute zu laufen, beibehältst.

Sobald du die Gewohnheit entwickelt hast, dreimal pro Woche zu laufen, kannst du die anderen Tage weglassen, solange du diszipliniert bleibst. Vielleicht hast du bereits von identitätsbasierten Gewohnheiten gehört. Genau darum geht es hier.

Werde Tag für Tag ein Leser/Autor/Läufer oder ein Experte in Finanzfragen. Irgendwann wirst du vielleicht mehrmals pro Woche 5 oder 10 Meilen laufen, aber wir sind noch nicht am Ziel.

Ich weiß, dass du keine Million Bücher lesen wirst, wenn du nur eine Seite pro Tag liest, aber du wirst zum täglichen Leser. Und das ist die Art von Gewohnheit, die sich festigt. Es gibt immer Raum, um deine Gewohnheit weiterzuentwickeln.

Der wichtigste Schritt ist der Anfang. Leider entwickeln viele Menschen ihre Gewohnheiten nie weiter, weil sie nie damit beginnen. Wenn du eine Gewohnheit täglich praktizierst, wird sie zu einer identitätsbasierten Gewohnheit. Du wirst zum täglichen Leser, zum Finanzexperten, zum Läufer, zum Kraftsportler usw.

Das Wichtigste von allem ist Beharrlichkeit.

Was passiert, wenn du aus irgendeinem Grund deine Gewohnheit einmal verpasst? Absolut gar nichts. Du machst einfach dort weiter, wo du aufgehört hast. Du solltest deine neue Gewohnheit zwar jeden Tag praktizieren, aber du bist kein Versager, wenn du sie einmal verpasst. Vielleicht hast du es vergessen, warst krank oder beschäftigt und hast dich zu sehr damit beschäftigt, eine Ausrede dafür zu finden, warum du es nicht tun konntest, anstatt tatsächlich die Zeit dafür zu finden.

Der Punkt ist: Wenn du einen Rückschlag hast, mach einfach weiter. Eine tägliche Gewohnheit ist das Ziel. Du bist auf dem richtigen Weg, aber es wird Rückschläge geben, da wir es hier mit dem Leben zu tun haben. Identifiziere dich mit deiner neuen Gewohnheit.

6. 3 Selbstmotivation - Wie man sich selbst motiviert

Selbstmotivation ist ein bedeutender Aspekt unseres persönlichen Wachstums und Erfolgs. Um jedoch die Bedeutung der Selbstmotivation vollständig zu erfassen, ist es zunächst wichtig, das Konzept der Motivation im Allgemeinen zu verstehen.

6.3.1 Was bedeutet Motivation?

Motivation ist der Wunsch, zielorientiertes Verhalten anzunehmen, um Bedürfnisse und Wünsche zu erfüllen. Es ist von großer Bedeutung, dass du deine Motivation aufrechterhältst, um dich persönlich weiterentwickeln zu können. Man unterscheidet jedoch zwischen extrinsischer und intrinsischer Motivation, die dabei eine Rolle spielen.

Extrinsische Motivation wird durch externe Faktoren ausgelöst, beispielsweise Geld, das als Motivator fungiert. Es ist notwendig für das Überleben, wie Essen und Unterkunft. Es können aber auch Belohnungen wie Trophäen, Medaillen oder Anerkennung für sportliche Leistungen oder eine Prämie am Arbeitsplatz sein. Jedes Lob von der Familie für eine köstliche Mahlzeit wäre ebenfalls eine extrinsische Belohnung.

Im Gegensatz dazu kommt intrinsische Motivation aus dem Inneren einer Person. Neugier, Interesse an einem bestimmten Thema oder der Wunsch, Talente und Fähigkeiten zu verbessern, sind intrinsische Motivatoren. Sie helfen uns dabei zu lernen und uns weiterzuentwickeln.

Die intrinsische Motivation gibt uns die Kraft, Dinge zu tun, die uns Freude bereiten und uns erfüllen, aber auch Aufgaben, die uns nicht unbedingt gefallen, aber letztendlich von Vorteil sind.

Die Motivation hat ihren Ursprung in der Amygdala, einem Teil des Gehirns, der Emotionen und Erinnerungen steuert. Die Amygdala arbeitet mit dem Hormon Dopamin zusammen, das mit Vergnügen und Motivation in Verbindung gebracht wird.

6.3.2 Motivation ist eine Entscheidung!

Motivation ist eine bewusste Entscheidung, die wir treffen können. Oft warten wir darauf, dass äußere Umstände perfekt sind oder andere uns antreiben, um aktiv zu werden. Doch in Wahrheit liegt die Motivation oft in unserer eigenen Verantwortung.

Um sich selbst zu motivieren, ist es wichtig, herauszufinden, was wir wirklich lieben. Es macht wenig Sinn, etwas zu tun, das wir hassen, und uns dann zu fragen, warum wir unmotiviert sind. Es ist wichtig, ehrlich zu sich selbst zu sein und das zu verfolgen, was uns wirklich am Herzen liegt.

Eine hilfreiche Methode, um Motivation zu steigern, ist das Erstellen einer Liste mit unseren Zielen. Wenn wir unsere Ziele konkret aufschreiben, schaffen wir Klarheit und haben etwas Greifbares vor Augen, an dem wir uns festhalten können, auch wenn die Motivation einmal nachlässt.

Jeder von uns hat seine eigenen kleinen Tricks, um Motivation zu finden. Es lohnt sich, diese kleinen Motivationsreserven zu entdecken. Bei mir zum Beispiel beeinflusst meine erste Handlung am Morgen meinen gesamten Tag. Wenn wir jedoch herausfinden, was für uns persönlich funktioniert, können wir auch in schwierigen Zeiten Energie schöpfen.

Es liegt an uns, diese Wahl zu treffen. Wir sollten nicht darauf warten, bis die Motivation von außen kommt, sondern uns selbst motivieren, unsere Ziele zu verfolgen.

6.3.3 Was bedeutet Selbstmotivation?

Selbstmotivation ist der innere Antrieb und die Fähigkeit, sich selbst zu inspirieren, um Ziele zu setzen, Herausforderungen anzunehmen und erfolgreich zu handeln. Sie treibt uns an, auch in schwierigen Zeiten auf Kurs zu bleiben und unser volles Potenzial auszuschöpfen.

Es bedeutet, dass wir nicht von äußeren Einflüssen abhängig sind, um in Aktion zu treten. Unsere innere Stimme ermutigt uns, unsere Träume zu verfolgen, Hindernisse zu überwinden und unser Bestes zu geben. Wir übernehmen die Verantwortung für unser Handeln und haben die Kontrolle über unser eigenes Leben.

Vor allem basiert es auf einem positiven Mindset, das von Zuversicht, Optimismus und dem Glauben an unsere eigenen Fähigkeiten geprägt ist. Es beinhaltet die Fähigkeit, uns selbst zu inspirieren, selbst in Zeiten des Zweifels und der Unsicherheit. Selbstmotivierte Menschen setzen sich klare Ziele, entwickeln Strategien zur Zielerreichung und bleiben fokussiert, auch wenn es schwierig wird.

Es gibt verschiedene Techniken und Strategien, um Selbstmotivation zu stärken. Die Visualisierung der Ziele, das Setzen von Meilensteinen, das Festhalten an positiven Affirmationen und das Umgeben mit inspirierenden Menschen sind nur einige Beispiele. Es erfordert auch Selbstreflexion, um unsere eigenen Stärken und Schwächen zu erkennen und unseren Fortschritt zu evaluieren.

Letztendlich ist Selbstmotivation ein entscheidender Faktor für persönliches Wachstum, Erfolg und Zufriedenheit. Sie ermöglicht es uns, unsere Komfortzone zu verlassen, Herausforderungen anzunehmen und über uns hinauszuwachsen. Durch Selbstmotivation können wir unsere Ziele erreichen und ein erfülltes, selbstbestimmtes Leben führen.

6.3.4 Selbstmotivation und Selbstwertgefühl

Es gibt eine enge Verbindung zwischen Selbstmotivation und Selbstwertgefühl. Wenn unser Selbstbild mit unserer wahren Identität übereinstimmt, steigt automatisch unsere Motivation. Tatsächlich besteht eine tiefe Verbindung zwischen Selbstwertgefühl und Motivation. Jedes Mal, wenn wir unsere eigenen Werte respektieren und danach leben, steigt unser Selbstwertgefühl. Wir fühlen uns euphorisch und wohl, und das Erreichen kleiner Ziele motiviert uns, größere und anspruchsvollere Ziele zu verfolgen.

Es ist jedoch nicht immer einfach, diesen positiven Kreislauf von Selbstwertgefühl und Motivation aufrechtzuerhalten. Nach der anfänglichen Begeisterung erfordert es eine gute Portion Selbstdisziplin, um zu lernen, wie wir uns selbst motivieren können.

6.3.5 Gründe für einen Motivationsverlust

Jeder von uns hat sicherlich schon einmal erlebt, die Motivation im Leben zu verlieren, ohne dass es dafür eine ersichtliche Erklärung gibt. Wir fühlen uns niedergeschlagen und müde. Sogar das Aufstehen aus dem Bett wird zu einer Herausforderung und nur wenige Dinge erscheinen spannend. Wir schieben unsere Aufgaben und Projekte vor uns her und fühlen uns schuldig, können aber nicht den inneren Antrieb finden, etwas dagegen zu unternehmen.

Dieser Motivationsverlust kann Menschen aus den verschiedensten Lebensbereichen treffen, von einem erschöpften Medizinstudenten bis hin zum erfolgreichen Manager. Meist ist dies ein Kampf durch die Tage mit der Hoffnung, dass es uns bald wieder besser geht.

Doch wir könnten daraus eine wertvolle Gelegenheit verpassen, die uns etwas beibringt. Denn es ist unser Unterbewusstsein

Dieser Motivationsverlust betrifft Menschen in verschiedenen Lebensbereichen, vom erschöpften Medizinstudenten bis hin zum erfolgreichen Manager. Normalerweise kämpfen wir uns einfach durch die Tage, in der Hoffnung, dass es uns bald besser geht.

Der Verlust der Motivation kann uns etwas lehren. Es ist unser Unterbewusstsein, das uns Hinweise darauf gibt, dass etwas nicht stimmt. Wenn wir sorgfältig analysieren, warum wir uns unmotiviert fühlen, wird es uns leichter fallen, aus diesem Zustand herauszukommen. Letztendlich wird dies darüber entscheiden, wie produktiv und erfüllt wir uns über einen längeren Zeitraum hinweg fühlen können.

Es gibt viele Gründe, warum jemand plötzlich die Motivation verliert. Diese Gründe sind jedoch sehr individuell und es ist nicht schwierig, herauszufinden, unter welchem spezifischen Problem jeder einzelne leidet.

Ein niedriges Selbstwertgefühl ist ein solcher Grund. Das Selbsturteil das wir über uns selbst fällen, ist einer der wichtigsten Faktoren für unsere psychologische Entwicklung und unsere Selbstmotivation.

Wenn wir negativ über uns denken oder negative Selbstgespräche führen, zynisch sind, uns verbittert fühlen oder uns für etwas nicht würdig halten, kann dies die Ursache für die fehlende Motivation sein. Sei deswegen immer vorsichtig mit deinen Selbstgesprächen und identifiziere deine einschränkenden Überzeugungen über dich selbst. Es kann hilfreich sein, sie aufzuschreiben und durch stärkende Überzeugungen zu ersetzen.

Ein weiterer häufiger Grund ist, dass **wir nicht wirklich wissen „Warum" wir etwas tun**, bzw. die Frage auf die Antwort, warum wir etwas tun, nicht ausreichend kraftvoll oder emotional ist. Dies kann dazu führen, dass wir die Motivation zum Handeln verlieren. Deswegen solltest du immer explizit definieren können, warum du bestimmte Dinge tust, die du machst.

Es kann auch sein, **dass dich deine Ziele überforder**n. Du hast dir ein ehrgeiziges Ziel gesetzt, an dem du täglich viel arbeiten musst und trotzdem kannst du dich nicht dazu durchringen, deine Aufgaben zu erledigen. Dies liegt oftmals daran, dass das Ziel zu hoch gesteckt ist und dich überfordert. Deswegen solltest du dir diese Aufgaben genau ansehen. Sind sie zu groß, hast du deinen Plan genau strukturiert? Wenn deine nächste Aufgabe beispielsweise darin besteht „Webdesign verbessern", könntest du dir jeden Tag vornehmen, jeden Tag eine Stunde damit zu verbringen, verschiedene Tutorials und Informationen zu studieren. Das macht die Aufgabe einfacher und greifbarer.

Die Umgebung, in der wir uns befinden, hat ebenfalls einen Einfluss auf unsere Motivation. Wenn wir uns mit negativen und zynischen Menschen umgeben, übernehmen wir oft ihre Denkweise und werden selbst negativ und zynisch. Dadurch wird es schwieriger, Motivation aufzubauen. Auch unsere physische

Umgebung spielt eine Rolle. Wenn wir zu Hause zum Beispiel zu viel Süßigkeiten aufbewahren, wird es schwieriger sein, Gewicht zu verlieren. Umgib dich mit positiven und erfolgreichen Menschen, die dich inspirieren. Auch deine physische Umgebung solltest du überprüfen und negative Einflüsse entfernen.

Ein ungesunder Lebensstil kann ebenfalls zu Motivationsverlust führen. Schlafmangel, ungesunde Ernährung und mangelnde Bewegung sind häufige Ursachen für viele Probleme im Leben. Wenn wir beispielsweise nur sechs Stunden pro Nacht schlafen und uns von ungesundem Essen ernähren, werden wir unausweichlich einen Motivationsverlust erleben. Um dem entgegenzuwirken, sollten wir unsere Schlafgewohnheiten verbessern und ausreichend Ruhe bekommen. Regelmäßige körperliche Aktivität und eine gesunde Ernährung sind ebenfalls wichtig, um unsere Motivation zu steigern.

Ungeduld ist ein weiterer Faktor. Wir wollen alles sofort haben und sind frustriert, wenn die Ergebnisse nicht schnell genug eintreten. Dabei vergessen wir, dankbar für das zu sein, was wir bereits haben. Übe deswegen Dankbarkeit für das, was du bereits erreicht hast.

Die Welt ist nicht perfekt und wir werden nicht immer alles bekommen, was wir wollen, aber wir können uns auf das konzentrieren, was bereits gut ist und darauf aufbauen.

6.3.6 Wie kannst du dich selbst gut motivieren?

Ähnlich wie ein gewissenhafter Handwerker, der seine Werkzeuge pflegt und seine Fähigkeiten verbessert, kannst du dich um deine innere Welt kümmern. Indem du bewusst auf verschiedene Aspekte deiner Persönlichkeit, Gewohnheiten und Einstellungen achtest, kannst du dich selbst besser verstehen und eine positive Veränderung in dir bewirken. Dies erfordert

Engagement, Selbstreflexion und den Willen, an dir selbst zu arbeiten. Wenn du diese Aufmerksamkeit und Absicht setzt, kannst du ein Gefühl von Wachstum, Ausgeglichenheit und Wohlbefinden in deinem Leben entwickeln. Es ist eine kontinuierliche Reise, die Zeit und Mühe erfordert, aber die Belohnungen sind es wert.

Tipps zur Selbstmotivation

Vergiss nie, positiv zu denken: Denke daran, dass deine Gedanken einen entscheidenden Einfluss darauf haben, wie du mit jedem Schritt in deinem Leben umgehst. Wenn du eine positive Sicht auf die Dinge hast, kannst du deine Ziele erreichen. Sei kein negativer Mensch, der alles für unmöglich hält. Lerne, mit deiner inneren Stimme umzugehen und ersetze negative Gedanken durch positive Überzeugungen, die dich vorantreiben.

Führe ein persönliches Tagebuch, um deine Fortschritte zu reflektieren: Wenn du gerne schreibst, kann ein Tagebuch dir helfen, deine Fortschritte aufzuzeichnen und dich bewusst zu machen, welche Ziele du kurzfristig erreichst. Teile sowohl die positiven als auch die negativen Aspekte deines Fortschritts, um daraus zu lernen und dich weiterzuentwickeln.

Stell dir vor, du erreichst deine Ziele jeden Tag: Nutze die Kraft der Visualisierung, indem du dir detailliert vorstellst, wie es sich anfühlt, deine Ziele zu erreichen. Indem du diesen Moment des Erfolgs und der Zufriedenheit in deinem Geist immer wieder durchspielst, bleibst du motiviert und fokussiert.

Scheitern ist erlaubt, aber nicht an zwei aufeinanderfolgenden Tagen: Akzeptiere, dass niemand perfekt ist und dass es Tage geben kann, an denen du nicht so vorankommst, wie du es dir wünschst. Aber lasse dich nicht von Faulheit oder Ausreden davon abhalten, am nächsten Tag wieder durchzustarten. Vermeide es, in einen Teufelskreis des Scheiterns zu geraten und erinnere dich daran, dass jeder neue Tag eine Chance bietet, weiterzumachen.

Nutze gesunden Wettbewerb als Motivation: Wenn du Freunde, Familienmitglieder oder Kollegen hast, die ähnliche Ziele haben, könnt ihr euch gegenseitig motivieren und einen gesunden Wettbewerb miteinander führen. Vergleiche dich nicht ständig mit anderen, sondern unterstütze und ermutige einander, damit jeder seine eigenen Ziele erreichen kann.

Bereite dich auf Herausforderungen vor: Es wird Zeiten geben, in denen es nicht so läuft, wie du es dir erhoffst. In diesen Momenten können negative Gedanken auftauchen und dich zum Aufgeben verleiten. Lerne, mit diesen Gedanken umzugehen und finde einen überzeugenden Grund, weiterzukämpfen, auch wenn es schwierig wird.

Erstelle eine Liste mit deinen Beweggründen: Schreibe auf, was dich motiviert und antreibt. Denke an deine Lieben, deine persönlichen Ziele oder die intrinsische Motivation, die du für eine bestimmte Aktivität empfindest. Eine solche Liste kann dir als Gegenmittel gegen Ausreden und Faulheit dienen.

Hol dir gute Ratschläge: Suche nach Menschen, die bereits Erfahrungen auf dem Gebiet haben, das dich interessiert, und lerne von ihnen. Nutze auch die Möglichkeit, Kurse oder Seminare zu besuchen, um dein Wissen zu erweitern. Akzeptiere, dass andere Menschen bereits vieles erforscht haben und ihre Erfahrungen dir helfen können, motiviert zu bleiben und den richtigen Weg einzuschlagen.

Entdecke deine wahren Leidenschaften: Finde heraus, wofür du brennst, und widme dich dieser Tätigkeit. Wenn du etwas wirklich genießt, kannst du in einen Flow-Zustand geraten, in dem du Höchstleistungen erzielst. Lasse dich von intrinsischer Motivation antreiben, um deine Aufgaben effektiv anzugehen und motiviert zu bleiben.

Lasse dich von den kleinen Dingen inspirieren: Sei offen für Inspiration und finde sie in den kleinen Details des Alltags. Inspirierende Momente und Erlebnisse können dir helfen, dich jederzeit zu motivieren und langfristig motiviert zu bleiben.

6.3.7 Beispiel einer Selbstmotivation:

Stell dir vor, du bist ein aufstrebender Schriftsteller und hast ein klares Ziel vor Augen: Du möchtest ein Buch veröffentlichen. Voller Energie und Tatendrang hast du hart an deinem Projekt gearbeitet und fest daran geglaubt, es schaffen zu können.

Doch mit der Zeit begann deine Motivation dafür zu schwinden, und Selbstzweifel haben sich eingeschlichen. Du fängst an, an deinen eigenen Fähigkeiten zu zweifeln. Eine Stimme in deinem Kopf fragt sich, ob es überhaupt Sinn macht, weiterzuschreiben, und diese Stimme wird immer lauter.

In solch herausfordernden Momenten ist es wichtig, dass du dich auf einige bewährte Schritte konzentrierst, um deine Motivation zurückzugewinnen.

Nimm dir zunächst Zeit für eine gründliche Reflexion. Du solltest über deine Ziele und Träume nachdenken und dich an den wahren Wert deines Buches erinnern. Stell dir lebhaft vor, wie du das fertige Werk in deinen Händen hältst und Leser damit begeisterst.

Weiterhin musst du akzeptieren, dass Rückschläge ein Teil des Prozesses sind. Sie bedeuten nicht das Scheitern, sondern bieten eine Gelegenheit, zu lernen und zu wachsen. Betrachte sie als Lektionen, die dich stärker machen und deinen Weg zum Erfolg ebnen.

Um deine Motivation wieder zu beleben, solltest du nun bewusst nach neuen Quellen der Inspiration suchen. Das könnten Bücher von anderen Schriftstellern sein, die du liest und dich von ihrem Schreibstil und ihrer Erfahrung inspirieren lässt.

Du kannst schließlich auch deine Ängste mit Freunden, Familie oder anderen Schriftstellern teilen, die dir Unterstützung und Ratschläge geben können, damit deine Motivation wieder angetrieben wird.

Und du weißt auch, dass es wichtig ist, kleine Schritte zu machen. Du kannst das Ziel in machbare Schritte aufteilen und jedes Mal, wenn du einen gemacht hast, kannst du dich dafür auch belohnen. Das Gefühl von Fortschritt und Erfolg steigert deine Motivation und ermutigt dich, weiterzumachen.

So kannst du nach und nach deine Motivation zurückgewinnen und stärkst dein positives Mindset. Du wirst Momente haben, in denen Zweifel auftauchen, aber erinnere dich immer daran, warum du angefangen hast und dass du über die Fähigkeiten und Entschlossenheit verfügst, dein Ziel zu erreichen.

7. Tipps und Tricks zur Pflege eines positiven Mindsets im Alltag

In unserem Alltag spielen unsere Gedanken und unsere innere Einstellung eine entscheidende Rolle für unser Wohlbefinden und Lebensqualität. Ein positives Mindset hilft uns dabei sehr,

Herausforderungen zu meistern, Stress abzubauen und sich insgesamt glücklicher zu fühlen Hier findest du wertvolle Tipps und Tricks, dein positives Mindset zu pflegen und eine optimistische Sichtweise in deinem Alltag zu integrieren.

Erinnere dich an positive Aspekte im Leben!

Wenn sich alles zu verschlechtern scheint, erinnere dich daran, dir selbst Folgendes zu sagen:

Es geht vorüber

Es gibt Zeiten im Leben, in denen schwierige Phasen endlos erscheinen. Egal ob du mit beruflichen Problemen, familiären Herausforderungen oder stressigen Situationen zu kämpfen hast, die meisten Probleme bleiben nicht für immer bestehen. Die Dinge werden sich nicht immer so schlimm anfühlen.

Es gibt auch positive Aspekte

Wenn etwas schief geht, fällt es schwer, die positiven Aspekte zu erkennen. Es ist leicht, die guten Dinge auszublenden und sich nur auf die negativen zu konzentrieren. Denke daran, dass nicht alles schlecht läuft. Suche bewusst nach den positiven Momenten, auch wenn sie klein sind.

Du hast Kontrolle

Eine wichtige Erkenntnis ist, dass du zumindest einen gewissen Grad an Kontrolle über die Situation hast. Auch wenn du die Situation nicht komplett beherrschen kannst, kannst du immer deine Einstellung und Reaktion kontrollieren. Konzentriere dich darauf, das zu managen, was in deiner Kontrolle liegt.

Du kannst um Hilfe bitten

Es kann schwierig sein, um Hilfe zu bitten, aber es ist eine der besten Möglichkeiten, mit schwierigen Situationen umzugehen. Erzähle den Menschen konkret, was du brauchst, wenn sie ihre Unterstützung anbieten. Scheue dich nicht davor, Freunde und Familie um Hilfe zu bitten, egal ob du finanzielle, emotionale oder praktische Unterstützung benötigst.

Vieles wird in ein paar Jahren keine Rolle mehr spielen

Die meisten Probleme, die uns heute Sorgen bereiten, werden in ein paar Jahren wahrscheinlich keine große Bedeutung mehr haben. Erinnere dich daran, dass das, was gerade schief läuft, nur einen kleinen Teil deines Lebens ausmacht. Selbst bei großen Problemen, wie dem Verlust eines geliebten Menschen, werden im Laufe der Zeit auch positive Dinge passieren.

Du kannst damit umgehen

Ein Mangel an Selbstvertrauen im Umgang mit schwierigen Zeiten kann den Stress verstärken. Denk daran, dass du in der Lage bist, mit schwierigen Situationen umzugehen. Selbst wenn du wütend, verletzt, enttäuscht oder traurig bist, wird es dich nicht für immer sein. Du kannst es schaffen.

Etwas Gutes wird daraus entstehen

Egal wie schlimm eine Situation ist, es besteht die Möglichkeit, dass etwas Gutes daraus hervorgeht. Zumindest wirst du wahrscheinlich eine Lektion fürs Leben lernen. Vielleicht vermeidest du denselben Fehler in Zukunft oder überwindest eine schwierige Situation und findest etwas Besseres. Suche nach den positiven Aspekten, die entstehen können, wenn schlechte Dinge passieren.

Du kannst akzeptieren, was außerhalb deiner Kontrolle liegt

Es gibt viele Dinge, die außerhalb deiner Kontrolle liegen. Du kannst die Vergangenheit nicht ändern, das Verhalten anderer Menschen nicht kontrollieren und die Gesundheitsprobleme von geliebten Menschen nicht beheben. Verschwende keine Zeit damit, Veränderungen von anderen zu erzwingen oder Dinge zu ändern, auf die du keinen Einfluss hast. Wenn du Zeit und Energie in Dinge investierst, die außerhalb deiner Kontrolle liegen, wirst du dich hilflos und erschöpft fühlen. Akzeptanz ist ein Weg, um Resilienz aufzubauen.

7.1 Tipps im Arbeitsalltag

Wenn es um die Arbeit geht, spielt deine mentale Einstellung eine entscheidende Rolle. Eine positive Einstellung wirkt sich nicht nur darauf aus, wie andere dich wahrnehmen, sondern auch auf deine Arbeitszufriedenheit und Leistung. Wir sind einen Großteil unserer Woche in der Arbeit involviert und es ist wichtig, auch dort ein positives Mindset zu bewahren. Es kann dich sogar erfüllen, selbst wenn dir die Tätigkeit nicht so gut gefällt. Es ist hilfreich, das Beste aus jeder Situation in der Arbeitswelt zu machen.

7.1.1 Positive Einstellung am Arbeitsplatz aufrechterhalten:

Umgib dich mit positiven Menschen:

Der Einfluss von Menschen, die dich umgeben ist sehr wichtig. Versuche deshalb auch am Arbeitsplatz dich mit positiven Kollegen, die ihre Arbeiten mögen und eine optimistische Einstellung haben, zusammen zu tun. Denn der positive Einfluss kann auch dich dazu motivieren, deine Einstellung zu verbessern.

Suche nach Menschen, die neue Ideen haben und sich auch außerhalb der Arbeit für viele verschiedene Dinge interessieren und lass dich von ihrer Energie anstecken.

Fülle deinen Geist mit positivem Input:

Unser Geist wird von dem beeinflusst, was wir ihm zuführen. Höre schöne, aufmunternde Musik mit Kopfhörern oder Hörbücher, die dich inspirieren, während du zur Arbeit fährst. Lies Bücher, die ermutigend sind und positive Gedanken vermitteln. Schau dir Videos an oder höre Podcasts, die dich motivieren und dir helfen, deine Fähigkeiten zu verbessern. Wenn du deinen Geist mit positiven Inhalten nährst, förderst du eine optimistische Denkweise und schaffst die Grundlage für eine positive Einstellung.

Kontrolliere deine Sprache:

Denk daran, dass die Art und Weise, wie du sprichst und denkst, deine Einstellung und Sichtweise auf die Welt beeinflussen. Sei dir bewusst, welche Worte du verwendest, sowohl beim Sprechen als auch beim Denken. Betrachte Herausforderungen als Chancen und benutze positive Worte, um deine Gedanken und Gefühle auszudrücken.

Statt dich auf Schwierigkeiten zu konzentrieren, versuche positive Aspekte und Lösungsansätze zu finden.

Hier ist ein Beispiel dafür, wie sich das in deiner täglichen Arbeit auswirken kann: Stell dir vor, du arbeitest in einem Projektteam und stehst vor einer Herausforderung. Anstatt dich auf die Schwierigkeiten zu konzentrieren und negativ darüber zu sprechen, kannst du bewusst eine positive Sprache verwenden und die Situation als Chance betrachten.

Frag dich selbst: "Wie kann ich diese Herausforderung nutzen, um neue Lösungen zu entwickeln und mich weiterzuentwickeln?"

Durch positive Gedanken und Gefühle, schaffst du eine optimistische Atmosphäre im Team und förderst einen kreativen Lösungsansatz.

Beispielsweise könntest du sagen: "Obwohl diese Aufgabe eine gewisse Komplexität aufweist, bin ich zuversichtlich, dass wir als Team die erforderlichen Fähigkeiten und Ressourcen haben, um sie erfolgreich zu bewältigen. Suchen wir gemeinsam nach innovativen Lösungsansätzen und konzentrieren wir uns auf die positiven Aspekte dieser Herausforderung.»

Durch die positive Sprache, sowohl mündlich auch als gedanklich, beeinflusst du nicht nur deine eigene Einstellung, sondern auch die deiner Teammitglieder und motivierst dich und sie dabei. So können Schwierigkeiten als Chance gesehen werden, anstatt sich von negativen Gedanken entmutigen zu lassen.

Erstelle dir eine tägliche Routine

Erstelle eine Morgenroutine, die dir dabei hilft, energiegeladen in den Tag zu starten. Steh früh genug auf, um genügend Zeit für dich selbst zu haben, bevor du zur Arbeit gehst. Du könntest zum Beispiel eine kurze Meditation oder Atemübung machen, um deinen Körper und Geist zu aktivieren.

Ein gesundes Frühstück ist unerlässlich, um deinen Energiespeicher aufzuladen. Nutze diese Zeit auch, um deine Ziele für den Tag zu visualisieren und dich mental auf deine Aufgaben vorzubereiten.

Plane im Laufe des Arbeitstages regelmäßige Pausen ein, um dich zu erholen und neue Energie zu tanken. Das könnten kurze 10- bis 15-minütige Pausen sein, in denen du dich vom Schreibtisch entfernst, um einen Spaziergang zu machen, etwas zu trinken oder dich zu dehnen. Es hilft dir, dich zu entspannen, den Geist zu erfrischen und die Produktivität zu steigern.

Nutze die letzte Stunde deines Arbeitstages für weniger anspruchsvolle Aufgaben und um dich auf den nächsten Tag vorzubereiten. Schließe abgeschlossene Aufgaben ab und beantworte E-Mails oder erledige kleinere Verwaltungsaufgaben. Nutze diese Zeit auch, um deine Prioritäten für den nächsten Tag festzulegen, eine To-Do-Liste zu erstellen und deine Arbeitsmaterialien zu organisieren. Dadurch kannst du den Feierabend ruhiger angehen lassen und hast einen klaren Startpunkt für den nächsten Tag.

Hier ist ein Beispiel, wie diese Routine in der Praxis aussehen könnte:

6:00 Uhr: Stehe auf und mache eine kurze Dehnübung oder eine Meditation.

6:15 Uhr: Bereite dir ein gesundes Frühstück zu und nutze die Zeit, um deine Ziele für den Tag zu visualisieren.

7:00 Uhr: Beginne mit deiner Arbeit und setze dir klare Ziele für jeden Abschnitt des Tages.

10:00 Uhr: Nimm dir eine kurze Pause, um dich zu entspannen.

12:30 Uhr: Mache eine Mittagspause und nutze die Zeit, um dich auszuruhen und eine gesunde Mahlzeit einzunehmen.

14:30 Uhr: Nimm dir erneut eine kurze Pause, um dich zu erholen und deine Gedanken zu sammeln. Du kannst eine kurze Atemübung durchführen oder dir einen Tee gönnen.

16:30 Uhr: Verwende die letzte Stunde des Arbeitstages, um kleinere Aufgaben abzuschließen und dich auf den nächsten Tag vorzubereiten. Beantworte E-Mails und organisiere deine Unterlagen.

17:30 Uhr: Schließe deinen Arbeitstag ab und nimm dir Zeit für dich selbst oder um andere Aktivitäten zu genießen.

Wenn du eine klare Struktur und Routine in deinen Arbeitstag integrierst, wirst organisierst du dich besser und kannst die Kontrolle über deine Arbeit behalten. Du wirst energiegeladener sein, effizienter arbeiten und auch Zeit für Erholung und Freizeit haben.

Sei freundlich zu anderen Menschen

Wenn du nett zu anderen Menschen bist, hast du eine positive Wirkung sowohl auf dich selbst als auch auf dein Umfeld haben. Studien haben gezeigt, dass das Ausüben von guten Taten und Freundlichkeit genauso glücklich machen kann wie das Erleben neuer und aufregender Dinge.

Suche nach Möglichkeiten, auch anderen Menschen zu helfen und ihnen Wertschätzung entgegenzubringen. Achte auf die Bedürfnisse und Erfolge deiner Kollegen und zeige ihnen deine Anerkennung. Wenn du unterstützend und positiv auf die Atmosphäre in deiner Arbeit wirst, trägst du nicht nur zu deinem eigenen Wohlbefinden bei, sondern auch um das der Menschen um dich herum.

Ein Beispiel für die Anwendung dieser Prinzipien

Stelle deinen Kollegen Fragen und zeige echtes Interesse an ihrem Leben und ihren Projekten. Höre aktiv zu und zeige Verständnis für ihre Perspektiven und Erfahrungen. Dadurch baust du eine Verbindung auf und schaffst eine positive Arbeitsbeziehung.

Sei aufmerksam und achte darauf, ob jemand in deinem Team Unterstützung benötigt. Biete deine Hilfe an, sei es bei der Bewältigung von Aufgaben, der Lösung von Problemen oder einfach als unterstützende Hand. Indem du anderen hilfst, zeigst du Mitgefühl und erzeugst ein Gefühl der Gemeinschaft.

Zeige öffentlich deine Anerkennung für ihre harte Arbeit und ihren Beitrag zum Team. Indem du Lob und Anerkennung aussprichst, motivierst du nicht nur andere, sondern stärkst auch das Zusammengehörigkeitsgefühl im Team.

Behandle andere Menschen stets mit Respekt und Höflichkeit. Sei dir bewusst was du sagst und wie du handelst, damit du niemanden verletzt oder gar herabsetzt. Schon kleine Gesten wie ein Lächeln oder das Bedanken für die Zusammenarbeit, können einen großen Unterschied in deiner Arbeitsatmosphäre machen.

Konflikte und Schwierigkeiten können in jedem Arbeitsumfeld auftreten. Versuche dann, so gut wie möglich zu vermitteln und Lösungen zu finden und lasse dich nicht auf Streitigkeiten ein. Wirke in jedem Fall dann auch immer unterstützend dabei, eventuelle Missverständnisse aus dem Weg zu räumen und die Harmonie im Arbeitsklima zu fördern.

Teile dein Wissen, deine Ressourcen und dein Netzwerk mit anderen. Indem du anderen Menschen hilfst, wächst nicht nur ihr Potenzial, sondern auch deine eigene Fähigkeit, ein effektives und kooperatives Teammitglied zu sein.

Verlasse dich nicht nur auf äußere Quellen der Positivität:

Eine positive Einstellung sollte nicht ausschließlich von äußeren Faktoren abhängen. Finde eine Methode oder einen Satz, der dir hilft, in stressigen Zeiten positiv zu bleiben. Das kann eine tägliche Affirmation sein, ein Mantra oder ein Glaubenssatz, der dir Kraft gibt. Wenn du dich auf deine innere Quelle der Positivität konzentrierst, kannst du in schwierigen Zeiten darauf zurückgreifen und deine Stimmung verbessern.

Beispiel:

Stell dir vor, du bist in einem herausfordernden Projekt involviert und spürst den Druck und befindest dich in einer Stresssituation. Diese äußeren Umstände können überwältigend sein. Wenn du nun eine Affirmation anwendest oder auch ein Mantra, kannst du deine innere Positivität stärken. Du wiederholst diese Worte leise oder in Gedanken, wie beispielsweise: "Ich bin stark und in der Lage, jede Herausforderung zu meistern."

Du erinnerst dich dadurch daran, dass du die Fähigkeiten und Reccourcen hast, mit schwierigen Situationen umzugehen. Diese innere Quelle kann deine Einstellung stark beeinflussen und du kannst dich leichter auf konstruktive Lösungen konzentrieren.

Affirmationen dienen als Anker, der dich daran erinnert, dass du die Kontrolle über deine Gedanken und Gefühle hast. Sie wirken unterstützend, selbstbewusst und optimistisch zu bleiben, auch wenn äußere Umstände herausfordernd sind. Regelmäßiges Wiederholen und Verinnerlichen sind stärkend für die Quelle deiner Positivität und sie wird fester Bestandteil deiner Denkweise.

Du wirst feststellen, dass du mehr innere Stärke und Resilienz entwickelst, um Hindernisse zu überwinden und deine Ziele zu erreichen.

Tägliche und wöchentliche Höhepunkte:

Plane kleine Dinge ein, auf die du dich freuen kannst, selbst in einem anspruchsvollen Job.

Hier ist ein Beispiel, wie du das umsetzen kannst:

Starte jeden Morgen mit einer kleinen Meditationsübung, um dich zu zentrieren und positiv auszurichten.

Genieße mittags die frische Luft bei einem Spaziergang und tanke neue Energie.

Nach der Arbeit kannst du dir Zeit nehmen für ein Hobby oder eine Aktivität, die dir Freude bereitet, wie Lesen, Musik hören, Freunde treffen oder ein Restaurantbesuch.

Am Wochenende kannst du eine besondere Aktivität planen, auf die du dich schon die ganze Woche freust, wie ein z. B. Ausflug in die Natur mit Übernachtung, ein Besuch im Kino oder ein Spa-Aufenthalt. Ganz egal, was es ist, gönne dir kleine und große Höhepunkte im Alltag und schaffe dir positive Erlebnisse. Dadurch kannst du selbst in herausfordernden Zeiten deine positive Einstellung stärken und aufrechterhalten.

7.2 Tipps ein positives Mindset in einer Beziehung aufrechterhalten

Unabhängig davon, ob du verheiratet bist, seit Jahren zusammen bist oder lebst oder dich in einer neuen Beziehung befindest, wird es Zeiten geben, in denen du Schwierigkeiten hast, eine positive Einstellung zu deiner Beziehung aufrechtzuerhalten.

Negative Gefühle in der Beziehung können von externen Stressfaktoren, Enttäuschungen über deinen Partner oder dich selbst sowie von persönlichen Kämpfen herrühren, die es schwierig machen, positiv zu sein.

Doch es ist wichtig, eine positive Einstellung beizubehalten. Dies geschieht natürlich nicht von selbst, sondern bedeutet auch Arbeit und Kreativität. Doch ist es notwendig, denn sie ist ein Bestandteil einer glücklichen und gesunden Beziehung und steigert dein allgemeines Glück.

Unabhängig von der Ursache der Negativität ist es durchaus möglich, deine Denkweise zu ändern und eine positivere Einstellung zu entwickeln. Hier sind ein paar Tipps, wie du deiner Beziehung mehr Positivität verleihen kannst.

Strebt nach gemeinsamem Wachstum

Es ist gut zusammen zu halten und nach gemeinsamem Wachstum zu streben. Angenommen du und dein Partner / Partnerin habt das gemeinsame Ziel gesünder und aktiver zu leben und möchtet euch fit halten. Ihr könnt euch, um dies zu erreichen gegenseitig unterstützen und motivieren.

Ihr könnt z. B. in Erwägung ziehen, dass ihr gemeinsam trainiert (Fitnessstudio, Laufen, Fahrradfahren) und euch gegenseitig herausfordern und versuchen einzelne kleine Ziele zu erreichen.

Was eine gesunde Ernährung betrifft, könnt ihr euch mit ausgewogener Ernährung auseinandersetzen, zusammen einkaufen gehen und leckere gesunde Mahlzeiten kochen. Kochkurse oder Workshops besuchen ist eine weitere Idee dazu. Ihr könnt zusammen euer Wissen erweitern, ausprobieren und beide davon profitieren, eure Ziele gemeinsam motiviert und durch gegenseitige Unterstützung zu erreichen.

Fordert euch auch gegenseitig heraus, neue Aktivitäten oder Sportarten auszuprobieren. Das kann etwas sein, was ihr beide noch nie gemacht habt, wie zum Beispiel Klettern, Tanzkurse oder Stand-Up-Paddling. Indem ihr gemeinsam neue Erfahrungen macht, könnt ihr euch nicht nur körperlich weiterentwickeln, sondern auch eure Beziehung stärken.

Wachstum entsteht natürlich nicht nur auf körperlicher Ebene stattfindet, sondern auch auf geistiger und emotionaler Ebene. Ermutigt euch gegenseitig, neue Hobbys oder Interessen zu erkunden, die eure Persönlichkeiten bereichern. Vielleicht möchtest du einen Sprachkurs belegen, während dein Partner sich für Fotografie interessiert. Unterstützt euch gegenseitig dabei.

7.3 Die Kraft der Musik

Die Kraft der Musik ist beeindruckend und kann auf vielfältige Weise unsere Stimmung und Einstellung beeinflussen. Untersuchungen haben gezeigt, dass das Hören fröhlicher Melodien eine positive Wirkung auf unser emotionales Wohlbefinden haben kann, vorausgesetzt, wir glauben daran.

Eine sorgfältige Studie, die im renommierten Journal of Positive Psychologie veröffentlicht wurde, liefert interessante Erkenntnisse zu diesem Thema. Die Teilnehmer dieser Studie wurden dazu aufgefordert, fröhliche Musik mit dem klaren Ziel zu hören, ihre Stimmung zu verbessern. Das Ergebnis war bemerkenswert: Diejenigen, die die Musik bewusst mit positiven Absichten hörten, berichteten tatsächlich von einer signifikanten Steigerung ihrer positiven Gefühle.

Es ist erstaunlich, dass die Gruppe, der nicht gesagt wurde, dass die Musik einen positiven Einfluss haben sollte, keine vergleichbaren Ergebnisse erzielte. Dies legt nahe, dass der Glaube an die positive Wirkung der Musik eine wichtige Rolle spielt und unser Verstand und unsere Erwartungen eine entscheidende Rolle dabei spielen, wie wir auf die Musik reagieren.

Dies bedeutet jedoch nicht, dass wir wahllos fröhliche Musik hören müssen, um positive Veränderungen in unserer Stimmung zu erleben. Es geht eher darum, die richtige Musik auszuwählen, die uns wirklich anspricht und aufmuntert. Jeder hat unterschiedliche Vorlieben und empfindet unterschiedliche Melodien als fröhlich und inspirierend. Nimm dir die Zeit herauszufinden, welche Musik dich persönlich positiv beeinflussen kann.

Du kannst sie in deinen Alltag integrieren, während der Fahrt zur Arbeit oder in stressigen Situationen Kopfhörer aufzusetzen und zu lauschen.

Es kann natürlich nicht alle unsere Probleme lösen, aber eine wertvolle Unterstützung darstellen, wenn wir in uns in schwierigen Situationen befinden oder gestresst sind.

7.4 Selbstmitgefühl als Grundlage des positiven Denkens

Selbstmitgefühl spielt eine entscheidende Rolle bei der Entwicklung eines positiven Denkens und kann besonders in schwierigen Zeiten von großer Bedeutung sein. Es ist ein wunderbarer Ansatz, um die Grundlage für positives Denken zu legen und gleichzeitig deinen Stresspegel zu reduzieren.

Karen Bluth, eine renommierte Forscherin auf dem Gebiet des Selbstmitgefühls, betont die Bedeutung von Berührungen als Teil der Selbstfürsorge. Indem du dir selbst einen Moment nimmst, dich bewusst um dich selbst zu kümmern, kannst du positive Emotionen fördern. Das Auflegen der Hände auf das Herz, sanftes Streicheln der eigenen Wange oder sogar das Umarmen des eigenen Körpers können dazu beitragen, Hormone wie Oxytocin freizusetzen, die positive Gefühle unterstützen.

Es geht darum, sich selbst liebevoll und mitfühlend zu behandeln, Wenn wir uns selbst mit Mitgefühl begegnen, ermöglichen wir uns, unsere Emotionen anzuerkennen, ohne uns dafür zu verurteilen oder abzulehnen.

Die Forschung hat gezeigt, dass Selbstmitgefühl zahlreiche positive Auswirkungen auf unsere psychische Gesundheit hat. Es kann uns helfen, mit schwierigen Emotionen umzugehen, Selbstakzeptanz zu fördern und unser allgemeines Wohlbefinden zu steigern. Wenn wir uns selbst mit Mitgefühl begegnen, sind wir eher in der Lage, uns von negativen Gedankenmustern zu lösen und uns auf konstruktive Lösungen zu konzentrieren.

Es ist wichtig, diese Methoden regelmäßig anzuwenden, um eine positive Einstellung aufrechtzuerhalten und sicherzustellen, dass deine psychische Gesundheit nicht in eine Krise gerät. Dabei ist es entscheidend zu verstehen, dass positives Denken nicht bedeutet, immer fröhlich oder ausgelassen zu sein. Es kann sich in verschiedenen Formen zeigen, wie Gelassenheit, Hoffnung, Ehrfurcht, Verbundenheit, Albernheit oder Selbstvertrauen. Jeder Mensch empfindet und zeigt seine positive Einstellung auf individuelle Weise.

7.4.1 Beispiele für angewandtes Selbstmitgefühl in schwierigen Zeiten:

Setze dich an einen ruhigen Ort, schließe die Augen und konzentriere dich auf deinen Atem. Während du ein- und ausatmest, wiederhole leise positive Sätze wie "Möge ich mitfühlend mit mir selbst sein" oder "Möge ich in Frieden und Gelassenheit sein". Lasse diese liebevollen Worte und Gedanken durch deinen Geist fließen und erlaube dir, Mitgefühl für dich selbst zu empfinden.

Nimm dir regelmäßig Zeit, um deine Gedanken und Gefühle in einem Tagebuch festzuhalten. Schreibe darüber, was dich belastet, welche Herausforderungen du bewältigen musst und wie du dich dabei fühlst. Verwende dabei einen mitfühlenden und unterstützenden Ton und erinnere dich daran, dass es normal ist, in schwierigen Zeiten Unterstützung zu suchen

Nimm dir bewusst Zeit für Selbstfürsorgeaktivitäten, die dir Freude bereiten und dich entspannen. Das kann ein entspannendes Bad, ein Spaziergang in der Natur, das Lesen eines Buches oder das Hören beruhigender Musik sein. Während du diese Aktivitäten genießt, erlaube dir, im Moment zu sein und sei dir bewusst, dass du dir selbst diese Zeit und Aufmerksamkeit schenkst.

Statt dich selbst zu kritisieren, wenn du Fehler machst oder mit Schwierigkeiten konfrontiert bist, ermutige dich selbst mit mitfühlenden Worten. Sage dir selbst Dinge wie "Es ist okay, Fehler zu machen, sie sind Teil des Lernprozesses" oder "Ich bin stärker als ich denke und kann diese Herausforderung bewältigen."

7.5 Weitere Tipps, ein positives Mindset aufrechtzuerhalten

Lerne, negative Gedanken nicht zu lange festzuhalten. Du musst nicht, immer glücklich und fröhlich sein. Es ist in Ordnung, negative oder traurige Gefühle zu haben, wenn du verletzt, besorgt oder enttäuscht über das bist, was dir, deiner Familie und/oder deinen Freunden passiert ist oder passiert. Wichtig ist, dass du nicht im Negativen stecken bleibst. Übe dich darin, negative Gefühle zu erkennen und ihnen einen Namen zu geben (z.B. "Ärger" - wie "Ich fühle mich wütend!" - oder "besorgt" oder "enttäuscht").

Frage dich: "Kann ich etwas tun, um diese Situation zu verändern?" Wenn ja, schreibe auf, was möglich ist, und plane deine nächsten Schritte. Wenn du das, was gerade passiert oder bereits geschehen ist, nicht ändern kannst, versuche zu akzeptieren, was gerade in deinem Leben geschieht. Versuche, es hinter dir zu lassen, loszulassen und zu glauben, dass bald gute Dinge auf dich zukommen werden. Falls es im Moment nicht möglich ist, es hinter dir zu lassen, finde jemanden, mit dem du darüber sprechen und teilen kannst, was gerade passiert ist.

Frage dich, ob es in den nächsten Wochen oder Monaten noch von Bedeutung sein wird. Dinge in Perspektive zu setzen, hilft dabei, positiv zu bleiben. Wenn du zum Beispiel nicht in das Team aufgenommen wirst, bei einer Prüfung nicht gut abschneidest oder deinen Nebenjob verlierst, kann es in dem Moment wie eine Katastrophe von 10 auf 10 wirken. Aber in ein paar Wochen wird es wahrscheinlich nicht mehr so schlimm sein. Die Zeit heilt und das Leben geht weiter. Oft öffnet sich eine neue Tür, wenn eine andere sich schließt. Du wirst auf Möglichkeiten oder Menschen aufmerksam, die du zuvor nicht bemerkt hast, und bald befindest du dich auf einem neuen Weg.

Tu Gutes für andere und tu dir selbst damit Gutes. Studien zeigen, dass das Geben an andere einer der schnellsten Wege zum Glück ist. Glücklich sein und positiv sein, ist zwar unterschiedlich, aber sehr eng verwandt. Anderen zu helfen, verringert auch deinen Stress, verbessert deine körperliche Gesundheit und lässt dich sogar länger leben. Engagiere dich für eine gute Sache, engagiere dich ehrenamtlich oder versuche zufällige Akte der Freundlichkeit, wie z.B. einem älteren Menschen einen Sitzplatz im Bus anzubieten. Sich Zeit zu nehmen, um freundlich zu anderen zu sein, kann dich gut fühlen lassen. Probiere es aus.

Sei ein guter Freund für dich selbst. Stelle dir vor, es ist dein Freund oder deine Freundin, der oder die das Problem hat. Überlege, welchen Rat du ihm oder ihr geben würdest, um das Problem zu lösen. Würdest du ihnen die Schuld dafür geben, dass sie das Problem verursacht haben, oder würdest du freundlicher sein und nach Lösungen suchen? Wenn sie sich selbst Vorwürfe machen würden, dass sie unachtsam oder dumm sind oder etwas Ähnliches, wärst du freundlich und unterstützend. Probiere diesen Trick auch bei dir selbst aus und schau, ob er dir hilft, positiv zu bleiben.

Verändere Dinge, die in deiner Kontrolle liegen. Zeit damit zu verbringen, sich über Dinge zu stressen, die du nicht ändern kannst, ist ein wenig Zeitverschwendung. Es gibt eine brutale Wahrheit, die wir alle akzeptieren müssen: Wir haben keine Kontrolle über viele Dinge in unserem Leben. Diese Tatsache zu akzeptieren, hilft uns wirklich dabei, weniger zu stressen. Hier sind einige Ideen, um aufzuhören, uns Sorgen zu machen:

Vorbild sein oder andere ermutigen. Du kannst Einfluss auf Menschen haben, aber du kannst sie nicht kontrollieren. Du kannst z.B. einen Online-Chat mit all deinen Freunden organisieren, aber du kannst sie nicht dazu zwingen, daran teilzunehmen, wenn sie nicht wollen. Du kannst eine Party organisieren, aber du kannst die Leute nicht zum Spaßhaben zwingen.

Kläre für dich, ob du Problemlösungen suchst oder grübelst. Je länger du grübelst, desto größer wird das Problem. Jedes Mal, wenn du dich über das Problem stresst, nimmt es mehr von deiner Zeit, Energie und Positivität in Anspruch. Es ist wichtig, aus dem Kopf herauszukommen. Hör Musik, ruf einen Freund an, geh laufen, spiel Basketball und kläre deinen Kopf. Wenn du später darauf zurückkommst, wird es einfacher sein, es zu lösen.

Entwickle gesunde Botschaften für dich selbst; zum Beispiel "Ich kann das schaffen" oder "Ich bleibe positiv".

Übe Dankbarkeit -Schreibe jeden Morgen für die nächsten dreißig Tage drei Dinge auf, für die du dankbar bist. Versuche so spezifisch wie möglich zu sein. Anstatt nur "mein Freund" oder "mein Cousin" zu schreiben, schreibe auf, was genau dich so dankbar macht. Ein Beispiel könnte sein, dass sie immer unterstützend sind und dich an schlechten Tagen aufmuntern.

7.6 Statische, positive und wachstumsorientierte Denkweise

Eine positive Einstellung bedeutet eine optimistische Sicht auf die Welt, es bedeutet, Erfolg zu erwarten. Es hat Aspekte mit der Wachstumsmentalität gemeinsam, letztere weist jedoch genauer auf die Überzeugung hin, dank harter Arbeit und Hingabe große Ziele zu erreichen.

Eine statische Denkweise ist geprägt von der Vorstellung, dass sich deine Situation nicht ändern kann und du keine Kontrolle über sie hast. Es ist eine Haltung des Akzeptierens und des Ausspielens der vorhandenen Karten. Im Gegensatz dazu fördert eine positive und wachstumsorientierte Denkweise den Glauben daran, dass du durch harte Arbeit und Hingabe große Ziele erreichen kannst.

Die wachstumsorientierte Denkweise konzentriert sich darauf, sich kontinuierlich zu verbessern und Herausforderungen als Chancen für Veränderungen anzusehen. Ereignisse, die nicht wie erwartet verlaufen, dienen als Lernerfahrungen und ermöglichen es dir, in verschiedenen Lebensbereichen zu wachsen und deine Fähigkeiten weiterzuentwickeln. Rückschläge sind unerlässlich, um Transformation und Wachstum zu fördern und deine Intelligenz, Talente und Weisheit zu stärken.

Arnold Schwarzenegger brachte die Idee von "Kein Schmerz, kein Gewinn" auf eine neue Ebene, indem er den Schmerz des Trainings mit den positiven Ergebnissen verglich, die er brachte. Indem du Schmerz und Herausforderungen als Teil deines persönlichen Trainings ansiehst, kannst du dich weiterentwickeln und besser werden. Anstatt dich entmutigen zu lassen, betrachtest du Hindernisse als normale Bestandteile des Lebens und erwartest, dass du sie überwinden kannst.

Es ist wichtig, eine positive Einstellung zu bewahren und mit Entschlossenheit und Handeln voranzugehen. Schwarzenegger selbst musste zu Beginn seiner Karriere mit Schwierigkeiten aufgrund seines starken Akzents kämpfen. Anstatt aufzugeben, entschied er sich dafür, seine Fähigkeiten zu verbessern und wurde letztendlich viel erfolgreicher, als es anfangs erwartet wurde.

7.6.1 Statische oder erfolgreiche Denkweise?

Schauen wir uns einige Beispiele an. Menschen mit einer statischen Denkweise denken oder sagen oft Sätze wie diese:

- Es ist zu schwierig, ich sollte besser aufgeben.
- Ich bin nicht so gut wie andere, also warum sollte ich es überhaupt versuchen?
- Ich meide Herausforderungen, um nicht dumm auszusehen.
- Wenn mir jemand Feedback gibt, fühle ich mich persönlich angegriffen.
- Ich beherrsche diese Aufgabe schon gut genug, also brauche ich mich nicht weiterzuentwickeln, um nicht zu versagen.
- Es gibt so viele Menschen, die auf diesem Gebiet besser sind als ich, also lohnt es sich nicht, es zu versuchen.
- Erfolg wird allein am Endergebnis gemessen.
- Ich weiß bereits alles, was es zu wissen gibt.

Menschen mit einer erfolgreichen Denkweise hingegen denken oder sagen oft Sätze wie diese:

- Das ist eine Herausforderung, aber mit mehr Anstrengung kann ich mich verbessern.
- Ich bin noch nicht so gut wie andere, aber ich arbeite daran.
- Ich nehme gerne Herausforderungen an, weil ich daraus lerne.
- Das Feedback anderer hilft mir, zu wachsen und mich weiterzuentwickeln.
- Obwohl ich diese Aufgabe gut beherrsche, glaube ich, dass es noch Raum für Verbesserungen gibt.
- Andere sind in dieser Aufgabe sehr gut, also könnte ich es auch sein.
- Erfolg wird anhand der Anstrengung gemessen, die ich in die Erreichung meines Ziels stecke.
- Es gibt so viele Dinge, die ich noch nicht weiß und gerne lernen möchte.
- Überlege dir welche Sätze du am häufigsten denkst und finde heraus, welche Denkweise du hast.

7.6.2 Alles hängt von deiner Denkweise ab

Jeder von uns hat zu den meisten Dingen im Leben eine bestimmte Einstellung. Deine Denkweise ist eine Reihe von Überzeugungen, die dein Verhalten beeinflusst.

Für dich mag es unmöglich sein, früh aufzustehen, während es für andere ein Vorteil ist. Du könntest denken, dass es unmöglich ist, reich zu werden, während andere daran glauben, dass es möglich ist. Vielleicht hältst du es für unmöglich, mit dem Rauchen aufzuhören, während andere daran glauben, dass es möglich ist.

Sicherlich fallen dir viele andere Beispiele ein, bei denen Menschen unterschiedliche Ansichten über dieselbe Sache oder Situation haben. Es ist eine unserer größten Illusionen zu denken, dass wir mit einer bestimmten Denkweise geboren werden und dass das alles ist, wozu wir fähig sind. Wir glauben das, weil unsere eigene Denkweise uns so normal erscheint, dass wir annehmen, dass alle anderen genauso denken müssen.

In Wahrheit ist unsere eigene einzigartige Denkweise oft so vertraut, dass sie ein Teil dessen zu sein scheint, wer wir sind und wie wir von Gott, der Natur oder unseren Glaubensüberzeugungen erschaffen wurden. Aber das ist nicht richtig: Deine Art zu denken ist nicht etwas, mit dem du geboren wurdest, sondern etwas, das du im Laufe der Zeit und durch Erfahrungen entwickelt hast!

7.7 Deine Denkweise liegt in deiner eigenen Wahl.

Du kannst eine positive Einstellung haben und dennoch an dir selbst zweifeln. Vielleicht zweifelst du an deiner Arbeit oder ob dein Karriereweg der richtige für dich ist.

Mach dir keine Sorgen, wenn das auf dich zutrifft. Du bist nicht allein.

Es ist wichtig zu verstehen, dass Zweifel keine schlechte Sache sind, solange sie dich nicht davon abhalten, Dinge auszuprobieren. Sie können von Vorteil sein, denn sie tragen auch dazu bei, vorsicher zu sein und sorgfältiger nachzudenken. Ohne sie könnten wir möglicherweise nicht lernen, wie wir unser Verhalten verbessern oder ändern können, wenn etwas nicht funktioniert.

Aber lass dich nicht von deinen Zweifeln aufhalten, wenn du welche hattest! Anstatt dich auf deine jüngsten Fehler zu konzentrieren, frage dich: Was habe ich daraus gelernt? Engagiere dich dann für dein persönliches Wachstum.

8. Zusammenfassung der wichtigsten Punkte in diesem Buch:

Zu guter Letzt fasse ich nochmals alle für dich wichtigen Punkte zusammen, die du im Hinterkopf haben solltest, um dein positives Mindset zu entwickeln und aufrechtzuerhalten.

Positives Denken

Positives Denken ist wichtig, da es unsere Einstellung unser Verhalten maßgeblich beeinflusst. Negative Einstellungen können zu Süchten und psychosomatischen Störungen führen und sich auf alle Lebensbereiche auswirken. Durch bewusste Wahrnehmung und Disziplinierung unserer Gedanken können wir eine positive Einstellung entwickeln.

Pessimistisches Denken führt oft zu Sorgen und einer dominierenden Angst, Traurigkeit oder Wut. Doch wir haben die Macht, unsere Denkweise zu ändern, indem wir positive Gedanken kultivieren und uns von negativen Denkmustern befreien. Eine positive Einstellung hilft uns, Herausforderungen leichter zu bewältigen und schützt uns vor Sorgen und negativem Denken.

Positives Denken spielt eine entscheidende Rolle für unser Wohlbefinden, unsere Erfüllung und unser Glück. Es beeinflusst unsere innere Einstellung, unser Verhalten, unsere Beziehungen und unsere Lebenszufriedenheit. Wenn wir uns auf positive Gedanken konzentrieren, ändert sich unsere Wahrnehmung der

Welt. Wir entwickeln eine optimistischere Haltung, sehen Lösungen statt Probleme und können energiegeladener, motivierter und zielgerichteter sein. Wir können dadurch unsere geistige und emotionale Gesundheit stärken, Stress reduzieren und erleben Ruhe, Zufriedenheit und inneres Gleichgewicht. Es ist ein aktiver Prozess, der Übung, Geduld und Ausdauer erfordert, doch die Auswirkungen lohnen sich und sind es wert.

Gesetz der Anziehung

Das Gesetz der Anziehung besagt, dass wir das in unser Leben ziehen, worauf wir unsere Aufmerksamkeit, Gedanken und Energie richten. Es beruht auf der Idee, dass unsere Gedanken und Gefühle energetische Schwingungen aussenden, die ähnliche Schwingungen anziehen und entsprechende Erfahrungen und Ereignisse in unser Leben bringen. Um dies effektiv anzuwenden, müssen wir uns auf positive Gedanken, Überzeugungen und Handlungen konzentrieren.

Es gibt sieben Untergesetze des Gesetzes der Anziehung, die uns helfen können, ein positives Mindset zu entwickeln und positive Veränderungen anzuziehen. Diese Gesetze betreffen das Aussenden positiver Schwingungen, das Manifestieren positiver Veränderungen, das richtige Handeln, das Finden von Gleichgewicht, das Fokussieren auf Wünsche, das Schaffen von Harmonie in Beziehungen und das Erkennen des universellen Einflusses unserer Handlungen.

Negatives Denken

Negatives Denken hat weitreichende Auswirkungen auf deinen Geist, Körper und deine Beziehungen. Es kann zu Depressionen, Ängsten, erhöhtem Stress, Schwächung des Immunsystems, Entzündungen und Herz-Kreislauf-Erkrankungen führen.

Außerdem isoliert es dich von anderen und hindert dich daran, das Leben in vollen Zügen zu genießen.

Zum Glück ist negatives Denken veränderbar, erfordert aber Zeit, Übung und Unterstützung. Hindernisse wie Selbstzweifel, Angst vor dem Versagen, Perfektionismus und negative Glaubenssätze müssen erkannt und umgekehrt werden. Ursachen wie die Angst vor der Zukunft, der Gegenwart und die Scham über vergangene Ereignisse sollten bewusst wahrgenommen werden.

Um negative Gedanken umzukehren, kannst du dich auf positive Gedanken und Denkweisen konzentrieren, Selbstreflexion praktizieren, einen gesunden Lebensstil pflegen und dich von positiven Menschen umgeben. Positive Selbstgespräche sind hilfreich, indem du dich selbst freundlich behandelst und negative Gedanken rational bewertest, indem du sie mit Bestätigungen für deine Stärken und Erfolge konterst.

Methoden des positiven Denkens

Positive Denkmuster können durch verschiedene Methoden gefördert werden. Eine solche Methode ist die Anwendung von Affirmationen. Dabei handelt es sich um positive Aussagen, die negative Gedanken überwinden sollen. Studien haben gezeigt, dass Affirmationen bestimmte Bereiche des Gehirns aktivieren können und somit wirksam sind. Es ist jedoch wichtig, Affirmationen als einen Schritt zu betrachten und aktiv Maßnahmen zur Veränderung zu ergreifen.

Eine weitere Methode des positiven Denkens ist die Praxis der Achtsamkeit. Dabei geht es um bewusste Aufmerksamkeit im gegenwärtigen Moment, ohne Wertung oder Urteil. Achtsamkeit kann helfen, Stress zu reduzieren, die Konzentration zu verbessern und das emotionale Wohlbefinden zu steigern. Sie kann durch verschiedene Praktiken wie Atembeobachtung, bewusstes Essen, Akzeptanz, Loslassen, Flexibilität, Selbstmitgefühl und Selbstfürsorge praktiziert werden.

Die Visualisierung ist eine weitere Methode des positiven Denkens, bei der wir uns mentale Bilder und Vorstellungen erschaffen. Durch die Visualisierung können wir uns auf positive Aspekte des Lebens konzentrieren und unsere Ziele erreichen. Regelmäßiges Üben der Visualisierung hilft dabei, das Gehirn auf Erfolg vorzubereiten.

Meditation ist eine Praxis, die von vielen Menschen weltweit genutzt wird, um Körper und Geist in Einklang zu bringen und eine bessere geistige und emotionale Gesundheit zu erreichen. Es gibt verschiedene Arten von Meditation, wie zum Beispiel Achtsamkeitsmeditation, Meditation mit Mantras, geführte Meditation und Bewegungsmeditation. Die Vorteile der Meditation sind umfangreich und reichen von der Reduzierung von Stress und Angst bis hin zur Verbesserung der Konzentration und kognitiven Funktionen.

Um diese Methoden des positiven Denkens erfolgreich in den Alltag zu integrieren, ist es wichtig, realistische Ziele zu setzen, eine angenehme Atmosphäre zu schaffen und geduldig mit sich selbst zu sein. Die regelmäßige Praxis und das Experimentieren mit verschiedenen Techniken helfen dabei, herauszufinden, was am besten funktioniert und eine positive Denkweise zu fördern.

Indem du diese Methoden kontinuierlich anwendest, kannst du ein positives Mindset entwickeln, deine Denkmuster verändern und dein Wohlbefinden steigern. Es erfordert Zeit und Übung, aber mit Hingabe und Geduld wirst du positive Veränderungen sowohl bei dir selbst als auch in deinen Beziehungen zu anderen Menschen bemerken.

Selbstliebe und Selbstakzeptanz

Selbstliebe und Selbstakzeptanz sind grundlegende Aspekte der Positivität in unserem Leben. Sie sind von großer Bedeutung für unser Wohlbefinden, unsere mentale Gesundheit und unsere persönliche Entwicklung. Wir vergleichen uns viel zu oft mit andern oder gehen zu selbstkritisch mit uns um, haben hohe Erwartungen an uns selbst, streben gar nach Perfektion. Dieser ständige Druck schafft oft ein negatives Selbstbild, das uns am Leben hindert.

Wenn du dich nicht akzeptierst, hinderst du deine Lebensenergie. Dies erfolgt schleichend und kann zu mentalen und sogar physischen Problemen führen. Fehler zu machen ist normal, sie sollten uns nicht daran hindern, uns so anzunehmen, wie wir sind. Wir lernen und wachsen daraus. Dazu gehört auch Schwächen zu akzeptieren und uns selbst wertzuschätzen. Behandle dich auch stets mit Freundlichkeit und Mitgefühl und baue ein positives Selbstwertgefühl und Selbstvertrauen auf.

Wenn wir uns selbst lieben und akzeptieren, verbessert sich unsere Beziehung zu uns selbst und zu anderen. Wir können authentisch sein, unsere Individualität ausdrücken und uns in zwischenmenschlichen Beziehungen wohlfühlen. Selbstliebe und Selbstakzeptanz stärken unsere Resilienz und helfen uns, besser mit Stress und Schwierigkeiten umzugehen. Es ist ein fortwährender Prozess, der Achtsamkeit, Reflexion und Selbstfürsorge erfordert.

Herausforderungen eines positiven Mindsets

Die Herausforderungen eines positiven Mindsets können schwierig sein, aber es gibt Strategien, die dir helfen können, sie zu bewältigen:

- Akzeptiere Rückschläge und erlaube dir, negative Emotionen zu fühlen. Nimm dir Zeit für dich selbst, praktiziere Selbstfürsorge und tausche dich mit vertrauten Personen aus, um Unterstützung zu erhalten.
- Kümmere dich gut um dich selbst, indem du auf deine Ernährung, regelmäßigen Schlaf und Entspannung achtest.
- Konzentriere dich bewusst auf das Gute im Leben und denke an vergangene Erfolge. Setze dir realistische Ziele und arbeite gezielt daran.
- Lass dich nicht von Selbstzweifeln bestimmen. Reflektiere deine Gedanken und Gefühle, identifiziere spezifische Zweifel und hinterfrage sie rational. Betrachte alternative Perspektiven und gewinne einen realistischeren Blick auf deine Fähigkeiten und Möglichkeiten.
- Identifiziere das Gute in jeder Situation, auch in den herausforderndsten Zeiten. Suche bewusst nach positiven Aspekten und nutze unerwünschte Erfahrungen als Chance für persönliches Wachstum und positive Veränderungen.
- Erinnere dich daran, dass du die Kontrolle über deine Gedanken und deine Wahrnehmung hast. Du hast die Kraft, das Beste aus jeder Situation zu machen. Sei offen für neue Perspektiven, übe Dankbarkeit und lerne, das Gute zu identifizieren. Dadurch kannst du gestärkt aus Herausforderungen hervorgehen.

Denke immer daran, dass ein positives Mindset eine Fähigkeit ist, die entwickelt werden kann. Mit Übung und einer bewussten Haltung kannst du lernen, optimistisch zu bleiben und das Beste aus deinem Leben zu machen.

Rückschläge und der Umgang damit

Rückschläge sind unvermeidlich und können unterschiedliche Formen annehmen. Sie können negative Gedanken und Selbstzweifel hervorrufen und es ist eine Herausforderung, in solchen Situationen positiv zu bleiben. Es gibt jedoch Strategien, die dir helfen können, Rückschläge zu überwinden.

Der erste Schritt besteht darin, die Rückschläge zu akzeptieren und Zeit zu nehmen, um negative Emotionen zu durchleben. Es ist wichtig, dir selbst zu erlauben, diese Gefühle zu haben und mit vertrauten Personen darüber zu sprechen. Selbstfürsorge spielt eine entscheidende Rolle, um wieder auf die Beine zu kommen und den Blick nach vorne zu richten.

Es ist auch wichtig, auf deine Gesundheit zu achten und bei schweren Krankheiten medizinische Unterstützung anzunehmen. Emotionale Unterstützung von Familie oder einem Therapeuten kann ebenfalls hilfreich sein. Es geht darum, die richtigen Schritte zu unternehmen, um berufliche Rückschläge zu überwinden, sei es durch Aktualisierung deiner Bewerbungen oder Weiterbildung.

Der Umgang mit Selbstzweifeln erfordert Reflexion und Hinterfragen. Indem du überprüfst, welche Beweise es für deine Zweifel gibt und ob es alternative Erklärungen oder Interpretationen gibt, kannst du einen realistischeren Blick auf deine Fähigkeiten gewinnen.

Eine weitere Strategie, um mit Rückschlägen umzugehen, besteht darin, das Gute in jeder Situation zu identifizieren. Selbst in schwierigen Zeiten gibt es positive Aspekte, auf die du dich konzentrieren kannst. Es erfordert Übung und eine offene Haltung, das Gute zu sehen, aber es hilft dabei, das Beste aus unerwünschten Erfahrungen zu machen.

Wenn es um den Umgang mit negativen Menschen geht, ist es wichtig, toxische Verhaltensweisen zu erkennen und klare Grenzen zu setzen. Distanziere dich von negativen Menschen und suche nach positiven Beziehungen. Es ist auch wichtig, deine eigene Negativität zu reflektieren und Selbstfürsorge zu praktizieren, um besser mit negativen Menschen umgehen zu können und deine eigene Positivität zu bewahren.

Umgang mit negativen Gedanken

Im Alltag begegnen uns häufig negative Gedanken, die unser geistiges Wohlbefinden beeinflussen können. Automatische Gedanken sind besonders herausfordernd, da sie scheinbar unkontrolliert auftauchen und negative Emotionen auslösen. Es ist möglich, die Kontrolle über diese Gedanken zurückzugewinnen und sie in positive Denkmuster umzuwandeln.

Automatische Gedanken sind negative Selbstgespräche, die spontan als Reaktion auf einen Reiz auftauchen, ohne dass wir uns bewusst sind, dass wir einen Gedanken haben. Sie sind oft irrational und schädlich für unser geistiges Wohlbefinden.

Unsere Emotionen entstehen aus unseren eigenen Gedanken. Negative automatische Gedanken können unangenehme Emotionen auslösen, aber wir können lernen, sie zu erkennen und zu verändern. Die kognitive Verhaltenstherapie (CBT) und die kognitive Umstrukturierung helfen dabei, destruktive Gedankenmuster zu identifizieren und zu ändern.

Es gibt verschiedene Techniken, um negative Gedankenmuster zu verändern, wie Selbstüberwachung, Infrage stellen der Annahmen, Evidenz sammeln und Durchführung einer Kosten-Nutzen-Analyse. Es erfordert jedoch immer auch Zeit, Geduld und Übung, um negative Gedankenmuster zu erkennen und zu verändern.

Wie du am besten durch schwierige Zeiten gehst

In schwierigen Zeiten kannst du viele Herausforderungen im Leben begegnen. Es ist normal, dass du dich in solchen Momenten verloren oder ängstlich fühlst. Aber du kannst diese Phasen überwinden und gestärkt daraus hervorgehen. Du besitzt eine innere Stärke und Widerstandsfähigkeit, die es dir ermöglicht, mit den Herausforderungen umzugehen. Hier sind nochmals die wichtigsten Tipps, um positiv zu bleiben:

- Erinnere dich an die Dinge, für die du dankbar sein kannst. Konzentriere dich auf die positiven Aspekte in deinem Leben und erstelle eine Dankbarkeitsliste.
- Bleibe mit deinen Lieben in Verbindung. Nutze Technologien wie Videoanrufe, um Kontakt zu halten und Freude zu teilen
- Finde jeden Tag eine gute Sache, die dir passiert ist, und konzentriere dich auf die kleinen Freuden des Lebens.
- Suche nach Dingen, auf die du dich freuen kannst, egal wie klein sie sind. Plane positive Ereignisse und fokussiere dich auf die Vorfreude.
- Finde spannende Hobbys, die dich ablenken und entspannen.

- Vermeide negatives Denken und konsumiere keine Inhalte, die dich verärgern könnten.
- Fokussiere dich auf das Gute in deinem Leben und ermutige dich selbst.
- Frage dich nach deinem Lebenszweck und finde heraus, was dir Sinn und Wert verleiht.
- Erstelle einen täglichen Plan und setze dir Aufgaben, um beschäftigt zu bleiben und ein Gefühl der Kontrolle zu haben.
- Sorge gut für dich selbst, indem du ausreichend Schlaf bekommst, dich gesund ernährst und Zeit für Entspannung und Meditation einplanst.

Denke daran, dass du stark bist und die Kraft hast, schwierige Zeiten zu bewältigen. Halte an diesen Tipps fest und finde deinen Weg, um gestärkt daraus hervorzugehen.

Positives Denken im Alltag

Die Umsetzung des positiven Denkens im Alltag ist wichtig, um ein optimistisches und erfülltes Leben zu führen. Es geht darum, positive Gewohnheiten zu entwickeln und negative Denkmuster zu überwinden. Durch regelmäßige Praktiken wie Dankbarkeit, positive Affirmationen und körperliche Aktivität stärken wir unser positives Mindset und schaffen eine optimistische Denkweise. Positive Gewohnheiten verbessern unser Wohlbefinden, fördern Selbstdisziplin und ermöglichen es uns, Veränderungen vorzunehmen und unsere Ziele zu erreichen. Es ist wichtig, die Gewohnheitsschleife zu verstehen und Strategien wie die Identifizierung von Auslösern, Veränderung der Umgebung, Setzen von klaren Zielen und Suche nach Unterstützung anzuwenden, um negative Gewohnheiten aufzugeben und positive Veränderungen zu schaffen.

Negative Gedanken loswerden

Um negative Gewohnheiten abzulegen und positive Gewohnheiten zu entwickeln, ist es wichtig zu verstehen, wie Gewohnheiten entstehen. Gewohnheiten bestehen aus einem Auslöser, einem Verlangen, einer Reaktion und einer Belohnung. Du musst alle vier Schritte berücksichtigen, um eine Gewohnheit zu etablieren und beizubehalten. Schlechte Gewohnheiten entstehen durch die Gewohnheitsschleife, die Auslöser, Verlangen, Reaktion und Belohnung umfasst.

Diese Schleife kann hartnäckig sein, aber es gibt Strategien, um sie zu durchbrechen. Du kannst die Auslöser identifizieren, deine Umgebung verändern, klare Ziele setzen und nach Unterstützung suchen. Um positive Veränderungen herbeizuführen, musst du dich auf die Veränderung einlassen und bereit sein, neue Gewohnheiten anzunehmen.

Konzentriere dich auf das Positive, setze konkrete Ziele und ändere vorerst nur eine Gewohnheit. Beginne klein und nutze Visualisierungen sowie positive Bestätigungen. Es kann auch hilfreich sein, erfolgreiche Menschen zu beobachten und dich mit ihnen zu umgeben, um von ihnen zu lernen. Sei dir bewusst deines Verhaltens und belohne dich für erreichte Fortschritte.

Dauerhafte Veränderungen erfordern Geduld und Ausdauer. Es ist ein kontinuierlicher Prozess, aber mit der richtigen Herangehensweise und Unterstützung kannst du negative Gewohnheiten loswerden und positive Gewohnheiten etablieren

Selbstmotivation

Selbstmotivation ist ein bedeutender Aspekt des persönlichen Wachstums und Erfolgs und für ein positives Mindset. Sie ist der innere Antrieb und die Fähigkeit, sich selbst zu inspirieren, um

Ziele zu setzen, Herausforderungen anzunehmen und erfolgreich zu handeln. Sie ermöglicht es uns, unabhängig von äußeren Einflüssen aktiv zu werden und die Kontrolle über unser eigenes Leben zu übernehmen. Selbstmotivation basiert auf einem positiven Mindset, Zuversicht, Optimismus und dem Glauben an unsere eigenen Fähigkeiten. Es beinhaltet die Fähigkeit, uns selbst zu inspirieren, selbst in Zeiten des Zweifels und der Unsicherheit.

Um Selbstmotivation zu stärken, gibt es verschiedene Techniken und Strategien. Das Erstellen einer Liste mit Zielen und das Festhalten an positiven Affirmationen schaffen Klarheit und greifbare Ziele. Jeder hat seine eigenen kleinen Tricks, um Motivation zu finden, wie zum Beispiel die erste Handlung am Morgen, die den gesamten Tag beeinflusst. Es liegt an uns, bewusst die Wahl zu treffen, uns selbst zu motivieren und unsere Ziele zu verfolgen.

Selbstmotivation und Selbstwertgefühl sind eng miteinander verbunden. Wenn unser Selbstbild mit unserer wahren Identität übereinstimmt, steigt automatisch unsere Motivation. Ein niedriges Selbstwertgefühl kann zu Motivationsverlust führen. Negative Selbstgespräche und einschränkende Überzeugungen über sich selbst sollten vermieden werden. Es ist wichtig, sich bewusst zu machen, warum wir bestimmte Dinge tun und unsere Ziele klar zu definieren.

Um sich selbst gut zu motivieren, ist es wichtig, positiv zu denken und die eigenen Gedanken zu lenken. Es erfordert Engagement, Selbstreflexion und den Willen, an sich selbst zu arbeiten. Es ist eine kontinuierliche Reise, die Zeit und Mühe erfordert, aber die Belohnungen sind es wert.

Tipps und Tricks für ein positives Mindset im Alltag

Im Alltag ist es wichtig, eine positive Einstellung und ein optimistisches Mindset zu pflegen. Du solltest dich an positive Aspekte in deinem Leben erinnern, selbst wenn es schwierig wird.

- Suche bewusst nach den guten Momenten, auch wenn sie klein sind. Bedenke, dass du zumindest einen gewissen Grad an Kontrolle über die Situation hast.
- Fokussiere dich darauf, das zu managen, was in deiner Kontrolle liegt.
- Scheu dich nicht davor, um Hilfe zu bitten. Sowohl finanzielle, emotionale als auch praktische Unterstützungen können in schwierigen Situationen hilfreich sein.
- Denk daran, dass die meisten Probleme, die dich heute belasten, in ein paar Jahren wahrscheinlich keine große Bedeutung mehr haben werden.
- Vertrau darauf, dass du in der Lage bist, mit schwierigen Zeiten umzugehen. Es wird vorübergehen und du wirst stärker daraus hervorgehen.
- Such auch nach den positiven Aspekten die entstehen können, wenn schlechte Dinge passieren, und akzeptiere, was außerhalb deiner Kontrolle liegt, um Resilienz aufzubauen.

Im Arbeitsalltag ist es besonders wichtig, eine positive Einstellung aufrechtzuerhalten. Du solltest dich mit positiven Menschen am Arbeitsplatz umgeben, die eine optimistische Einstellung haben. Fülle deinen Geist mit positivem Input, zum Beispiel durch Musik, Bücher oder motivierende Videos.

Kontrolliere deine Sprache und verwende positive Worte, um deine Gedanken und Gefühle auszudrücken. Erstelle dir eine tägliche Routine, die dir dabei hilft, energiegeladen in den Tag zu starten und dich auf deine Aufgaben vorzubereiten. Sei freundlich zu anderen Menschen und zeige Anerkennung für ihre Arbeit. Teile dein Wissen, Ressourcen und Netzwerk mit anderen, um ihr Potenzial zu fördern.

Tipps für die Beziehung

- Es gibt immer wieder Zeiten, in denen es schwierig ist, eine positive Einstellung in einer Beziehung aufrechtzuerhalten. Negative Gefühle können durch äußeren Stress, Enttäuschungen über den Partner oder sich selbst sowie persönliche Herausforderungen entstehen, die es schwer machen, positiv zu bleiben.
- Dennoch ist es wichtig, eine positive Einstellung zu pflegen, da sie Teil einer glücklichen und gesunden Beziehung ist und dein allgemeines Glück steigert.
- Strebe deshalb nach gemeinsamem Wachstum und unterstützt euch gegenseitig, um gesünder und aktiver zu leben. Ihr könnt gemeinsam trainieren, euch kleine Ziele setzen und neue Aktivitäten oder Sportarten ausprobieren, um sowohl körperlich als auch emotional zu wachsen.
- Entdeckt neue Hobbys oder Interessen, die eure Persönlichkeiten bereichern. Unterstützt euch dabei, zum Beispiel indem du einen Sprachkurs belegst, während dein Partner sich für Fotografie interessiert.
- Diese Tipps können dir helfen, ein positives Mindset in deiner Beziehung aufrechtzuerhalten und zur Stärkung eurer Bindung beizutragen.

Selbstmitgefühl

Selbstmitgefühl ist wichtig für positives Denken, besonders in schwierigen Zeiten. Indem du dich selbst liebevoll und mitfühlend behandelst, kannst du deine Emotionen anerkennen, ohne dich zu verurteilen.

Studien zeigen, dass Selbstmitgefühl positive Auswirkungen auf deine psychische Gesundheit hat und dir hilft, mit schwierigen Emotionen umzugehen. Es ist wichtig, regelmäßig Methoden des Selbstmitgefühls anzuwenden, um eine positive Einstellung aufrechtzuerhalten.

Dazu gehören zum Beispiel das Wiederholen positiver Sätze, das Führen eines Tagebuchs und die bewusste Zeit für Selbstfürsorgeaktivitäten. Zusätzlich kannst du negative Gedanken nicht zu lange festhalten, dich auf Dinge konzentrieren, die du kontrollieren kannst, und anderen helfen, um dich selbst glücklicher zu machen.

Deine Denkweise ist entscheidend

Eine positive Einstellung bedeutet, optimistisch zu sein und den Erfolg zu erwarten. Im Gegensatz dazu geht es bei einer statischen Denkweise darum zu glauben, dass sich deine Situation nicht ändern kann und du keine Kontrolle darüber hast. Eine positive und wachstumsorientierte Denkweise hingegen fördert den Glauben daran, dass du durch harte Arbeit und Hingabe große Ziele erreichen kannst.

Die wachstumsorientierte Denkweise konzentriert sich darauf, sich kontinuierlich zu verbessern und Herausforderungen als Chancen anzusehen. Rückschläge dienen als Lernerfahrungen und ermöglichen es dir, in verschiedenen Lebensbereichen zu wachsen und deine Fähigkeiten weiterzuentwickeln. Arnold

Schwarzenegger betonte die Bedeutung von Schmerz und Herausforderungen für persönliches Wachstum.

Es ist wichtig, eine positive Einstellung zu bewahren und mit Entschlossenheit und Handeln voranzugehen. Schwarzenegger selbst musste zu Beginn seiner Karriere mit Schwierigkeiten kämpfen, ließ sich aber nicht entmutigen und verbesserte seine Fähigkeiten kontinuierlich.

Menschen mit einer statischen Denkweise denken oft in begrenzten Mustern und vermeiden Herausforderungen. Im Gegensatz dazu betrachten Menschen mit einer erfolgreichen Denkweise Hindernisse als Chancen zum Lernen und Wachsen. Deine Denkweise ist eine Wahl, und es ist wichtig, Zweifel nicht davon abhalten zu lassen, neue Dinge auszuprobieren und persönlich zu wachsen.

Schlusswort

Herzlichen Glückwunsch! Du hast nun einen umfassenden Einblick in die transformative Kraft des positiven Denkens gewonnen und zahlreiche Methoden kennengelernt, um ein positives Mindset zu pflegen. In diesem Buch haben wir untersucht, wie positives Denken dein Leben auf vielfältige Weise beeinflusst und dir helfen kann, ein erfülltes und glückliches Leben zu führen.

Du hast gelernt, dass positives Denken ein aktiver Prozess ist, der Zeit, Übung und Geduld erfordert. Aber sei gewiss, dass es möglich ist, negative Denkmuster zu durchbrechen und positive Gewohnheiten zu entwickeln. Lass dich nicht entmutigen, wenn es Rückschläge gibt. Erinnere dich daran, dass Veränderungen

Zeit brauchen und es normal ist, auf dem Weg zum Erfolg Hindernisse zu überwinden.

Niemals aufgeben! Das ist der Schlüssel zum Erfolg. Pflege dein Mindset, sei geduldig mit dir selbst und ermutige dich stets, positiv zu bleiben. Visualisiere dein Ziel, setze klare Ziele und nutze Affirmationen, um dein Unterbewusstsein auf Erfolg auszurichten. Umgebe dich mit positiven Menschen, die dich inspirieren und unterstützen, und sei offen für neue Gewohnheiten, die dich voranbringen.

Denke daran, dass dauerhafte Veränderungen Zeit brauchen. Es ist ein kontinuierlicher Prozess, bei dem du dich immer weiterentwickelst und dein volles Potenzial entfalten kannst. Sei stolz auf jeden Fortschritt, den du machst, und belohne dich selbst für deine erreichten Ziele. Du hast die Macht, dein Denken und damit dein Leben zu verändern.

Also stelle dich den Herausforderungen, bleibe positiv und pflege dein Mindset. Du hast es in der Hand, dein Leben in eine positive Richtung zu lenken. Glaube an dich selbst und erkenne, dass du alles erreichen kannst, was du dir vornimmst.

Mache jetzt den ersten Schritt und beginne deine Reise zu einem positiven Mindset. Ich wünsche dir viel Erfolg und ein erfülltes, glückliches Leben!

Impressum

Independently published

Herausgeber:

Lucas Schmidt

Am Panke-Park 113

16321 Bernau bei Berlin

Druck / Auslieferung: Amazon oder Tochtergesellschaft

Printed in Poland
by Amazon Fulfillment
Poland Sp. z o.o., Wrocław

24260806R20087